LE PIÈGE

L'INFLUENCE TOXIQUE DES RÉSEAUX SOCIAUX

Éditions Kiwi
5, rue de Charonne, 75011 Paris

Édition : Katia Kaloun
Création graphique et couverture : Charlotte Thomas
Mise en pages : Cromatik Ltd
Illustrations : Shutterstock.com

ISBN : 978-2-37883-057-1

Sophie
Montévrin

LE PIÈGE

L'INFLUENCE TOXIQUE DES RÉSEAUX SOCIAUX

KiWi

SOMMAIRE

INTRODUCTION : LES RÉSEAUX SOCIAUX DANS NOTRE VIE

Les réseaux sociaux occupent une place de plus en plus importante dans la vie des gens. Selon les derniers chiffres, 43 %[1] de la population mondiale est active sur les réseaux sociaux, soit 3,3 milliards d'individus. En France, on dénombre 58 % d'utilisateurs actifs et assidus, et les internautes français passent en moyenne 1 h 22 par jour sur les réseaux sociaux – plus de 9 personnes sur 10 y accèdent via leur mobile.

Les réseaux sociaux sur Internet sont des réseaux communautaires ; il s'agit d'infrastructures en ligne permettant de relier des personnes physiques et/ou morales entre elles afin de créer des échanges et d'engendrer des interactions. Les réseaux sociaux sont une forme particulière de médias sociaux, qui comprennent également les blogs, par exemple. Ces réseaux sociaux peuvent être de grande envergure, avec un espace personnalisé (un profil ou compte d'utilisateur sur une plateforme de médias sociaux) permettant de mettre en ligne à peu près tout ce que l'on souhaite, notamment ce qui relève de la sphère privée : MySpace, Facebook.

Ils peuvent être plus ciblés ou plus spécifiques : par tranche d'âge, comme Snapchat (le public est essentiellement adolescent ou jeune adulte) ; par type de contenus, comme Instagram (images), YouTube et Vimeo (vidéo) ; par type de centre d'intérêt, comme

1. Sondage réalisé en 2016 par l'institut Américain Cross-platform – Future in Focus.

Pinterest (images) ; par objectifs précis, comme LinkedIn et Viadeo (opportunités et réseaux professionnels) ; par microblogage (entre blogs et messagerie instantanée), comme Tumblr et Twitter ; par messagerie instantanée et/ou pour un usage smartphone uniquement : FB Messenger, WhatsApp, Instagram. D'après un communiqué de Google, Google+ va bientôt disparaître. Ceux qui tiennent le haut du classement en France sont Facebook (le numéro 1 ; exemple-type du réseau social d'amitié), YouTube, Twitter (exemple-type du réseau social d'intérêt) et Snapchat. Du côté des messageries instantanées, les leaders sont Facebook Messenger et WhatsApp.

Dans la vie des entreprises, l'atout marketing que représentent les réseaux sociaux n'est plus à démontrer. Ils permettent de travailler l'image de marque, d'élaborer et de préserver un réseau, de gagner en visibilité, de construire de la confiance et de la valeur, de se faire connaître ou de gagner en réputation, etc. Ce n'est pas cet aspect « outil » professionnel des réseaux sociaux qui nous intéresse ici. Il nous semble intéressant, voire nécessaire, de comprendre le phénomène suivant : pourquoi les réseaux sociaux ont-ils pris une telle place dans nos vies ? Qu'est-ce que cela dit de nous ? Quels sont les risques pour l'utilisateur ?

1

POURQUOI PASSONS-NOUS TANT DE TEMPS SUR LES RÉSEAUX SOCIAUX ?

SE TENIR INFORMÉ ET FAIRE PARTIE DE LA COMMUNAUTÉ MONDE

Ce questionnement nous invite à comprendre pourquoi nous investissons tant de temps et d'énergie à aller sur nos plateformes de réseaux sociaux, à déceler ce qu'on y cherche, ce qu'on y trouve. Cela répond sans doute à des besoins, à des désirs, voire à des fantasmes : quels sont-ils ?

L'homme a besoin de trouver sa place dans la société. C'est une question essentielle, vitale, pourrait-on dire. Car il est, comme le dit Aristote, un animal politique, un animal social. Il doit user de sa raison et être en contact avec la vie de la Cité pour répondre aux besoins de sa nature propre. Cela implique qu'il doive se tenir informé de ce qui se passe autour de lui, dans le monde, pour être dans le jeu, dans la danse. Les réseaux sociaux, en ce sens, lui permettent cela.

Des informations utiles au quotidien

Petites annonces, spectacles, événements, sorties organisées, offres d'emploi... les réseaux sociaux facilitent la vie du quotidien. On est informé de ce qui se passe, on peut informer les autres de quelque chose qui nous concerne, qui est important pour nous ou qui est important pour l'autre. Moyen de communication simple et gratuit (si on le souhaite), avec des cibles presque illimitées, ce sont des outils démocratiques par excellence. Chacun peut y publier ce qu'il veut et suivre qui il veut (sur Twitter ou YouTube, par exemple), recevoir les publications de communautés, d'institutions ou d'entreprises qui l'intéressent (pages Facebook, par exemple), noter ses commentaires sur tous les posts publics ou qui lui sont ouverts lorsqu'ils sont en mode privé, envoyer des MP (messages privés) très facilement... Les réseaux sociaux apportent un confort et une facilité d'utilisation sans pareil.

Ils permettent également une formidable ouverture sur notre environnement : on découvre des choses qui se passent autour de nous et auxquelles on n'aurait pas eu accès par ailleurs. Car on ne cherche que ce que l'on connaît, et lorsque des contenus viennent à nous sans les avoir cherchés, c'est souvent l'occasion de jolies surprises. Une conférence organisée par la médiathèque de notre commune, une association qui organise un pique-nique partagé le week-end prochain sur la place, une braderie géante qui s'organisera la semaine suivante... Plus d'excuses pour rester chez soi et dire qu'on ne savait pas !

Cela permet aux gens de se rencontrer et de rompre avec l'isolement social. Mieux : cela favorise le désenclavement. Dans certaines localités du monde rural, loin des grandes agglomérations ou des pôles urbains, les utilisateurs voient les limites géographiques s'effacer grâce aux nouvelles technologies. Le temps est également réduit. Immédiateté, instantanéité, on peut contacter quelqu'un ou se tenir informé d'un événement dans la minute. On gagne également du temps car les réseaux permettent la centralisation des informations. Je n'ai plus besoin de me rendre sur plusieurs sites Internet différents ou de me procurer les journaux des petites annonces ou la gazette des différentes communes de l'agglomération pour me tenir informé des événements. En quelques clics, j'ai les informations dont j'ai besoin. Cependant, qui dit réduction du temps pour obtenir de l'information ne dit pas gain de temps pour autant. Le fait de surfer sur les réseaux sociaux, et sur le Web en général, est extrêmement chronophage. La tentation est grande de voguer d'une publication à une autre, et le temps file. Il faut aussi sélectionner, trier, car la masse d'informations est colossale. Charge mentale, nous voilà !

Des informations nécessaires pour se construire en tant qu'individu social

Au-delà des informations utiles au quotidien, les réseaux sociaux apportent un regard sur le monde... des regards. C'est un besoin social que d'être au courant des actualités : les médias (journaux, TV) ont trouvé un nouveau relais dans les réseaux sociaux. Simple, pratique, sélective, interactive et ludique, l'actualité sur les réseaux est devenue incontournable. Cela a permis aux médias traditionnels et aux journaux papier, en particulier, de se renouveler et de se revivifier en touchant un plus large public. Du point de vue de l'utilisateur, cela permet de « papillonner » davantage entre les différentes sources. Si auparavant (il y a bien longtemps, déjà, semble-t-il !) on n'achetait qu'un journal (coûteux en termes de temps de lecture et en termes de budget), on peut se permettre aujourd'hui de glaner de l'actualité sur différents sites. Avec la mise en avant des articles sur les réseaux sociaux, ce n'est même plus la peine d'aller à la pêche sur le Net : les articles viennent à nous. Cette approche personnalisée a de quoi séduire, du moins de prime abord, car les infos que l'on peut lire ont été sélectionnées (en fonction de nos intérêts, des pages auxquelles on s'est volontairement abonné, etc.) : de l'actu sur mesure !

Pourtant, les limites sont bel et bien là et bel et bien visibles.

① Une telle consommation des médias, personnalisée et sélectionnée par avance, ne permet pas d'avoir des informations au-delà de l'intérêt de l'utilisateur. Celui-ci reste ainsi dans sa zone de confort, ne cultive pas son étonnement et se trouve conforté dans ses positions et dans ses convictions. Rien de bien sain pour l'esprit, de fait.

② Afin d'attirer et de conserver l'attention des lecteurs-consommateurs, les *community managers* savent bien qu'il faut faire court et efficace. Peu de place pour l'analyse et le développement, donc. La plupart du temps, les trois lignes qui annoncent un article sont les seules qui sont lues, et non l'article lui-même. Synthèse de synthèse, tout se joue dans le titre et dans les effets d'annonce.

③ On entend souvent parler de la pensée unique délivrée par les médias. Si tout se compacte et si tout est sélectionné pour susciter l'intérêt immédiatement (*one shot*), il n'est pas étonnant que la qualité ne soit pas forcément au rendez-vous.

④ Sur les réseaux sociaux, nous sommes particulièrement en proie à la désinformation. Dans le point précédent, nous disions justement « on entend souvent parler de » : la rumeur est un levier puissant du Web en général, et des médias sociaux en particulier. Il faut faire du buzz. Pour cela, rien de tel que les ragots ou les *fake news*. Car lorsque l'on dit média, on évoque tout support de diffusion d'information. Et avec les possibilités quasi infinies de publications, n'importe quelle information peut circuler – et devenir virale. On capte d'autant plus les *fake news* comme de véritables infos qu'elles ont été sélectionnées pour nous plaire, pour nous atteindre, et qu'elles sont virales, justement : si c'est relayé, c'est que ça doit être vrai.

⑤ Le danger de la manipulation et du conformisme n'est donc jamais loin ! Nous nous complaisons souvent, et sans nous en rendre compte d'ailleurs, à jouer les moutons de Panurge (tendance psychologique caractéristique de l'homme social)...

👉 Le sentiment d'appartenance à une communauté

Avec les réseaux sociaux (qui portent bien leur nom), nous avons le sentiment d'appartenir à une communauté (voire plusieurs). Là encore, c'est un sentiment vital pour chacun. Tous les individus veulent ou désirent être acceptés, se sentir comme un maillon du tout (avec les écueils que cela implique, comme nous le verrons plus loin). Rien n'est plus difficile socialement que de se sentir exclu, à la marge, hors-jeu. C'est une des raisons pour lesquelles les adolescents et les jeunes adultes sont les plus gros consommateurs des Snapchat et autres Instagram. Que l'on soit isolé géographiquement, que l'on ait telle ou telle caractéristique physique, que l'on soit jeune ou plutôt âgé, que l'on soit de telle confession ou de tel milieu social, chacun peut se trouver une place, en tant qu'individu, au milieu des autres sur les réseaux. Communauté de lecteurs, de bikers ou autres philatélistes, il y en a pour tous les goûts.

Mais justement, le sentiment de communauté réunit des individus autour de centres d'intérêt communs très particuliers, voire particularisants. D'un côté, il y a un véritable sentiment d'intégration ; d'un autre côté, il y a le problème que pose l'entre-soi. Une conséquence possible : l'exclusion de l'autre, celui qui ne partage pas les mêmes centres d'intérêt, qui ne fait pas partie de la communauté. La frontière entre intégration et exclusion est donc ténue. Cela pour rappeler, si besoin en était, que la communauté Facebook, Snapchat ou YouTube n'est qu'une communauté virtuelle, qui ne se déploie en aucune façon comme elle le ferait dans la « vraie » vie, dans le réel. Car dans la réalité, nous ne partageons pas des moments qu'avec les gens avec lesquels on est déjà d'accord par principe, avec lesquels on a les mêmes centres d'intérêt, et on voyage d'un intérêt commun à l'autre en permanence. On vit dans la diversité. Bref, sans doute manque-t-il aux communautés virtuelles certaines nuances, certaines couleurs dont nous avons pourtant besoin pour grandir, mûrir, avancer. C'est dans la confrontation à l'autre et dans sa différence que l'apprentissage est possible.

Même dans une communauté d'« amis » Facebook, en admettant que les « amis » soient des gens que l'on connaît vraiment, avez-vous remarqué que les liens que l'on peut avoir avec ces amis, la manière que l'on a d'échanger avec eux ne ressemblent en rien à ce que l'on vit d'ordinaire avec eux en leur présence ? Ne parlons pas ici de messagerie privée (Messenger), mais d'interaction via les publications postées sur le mur des utilisateurs. Qu'est-ce qui explique que je n'aie pas le même rapport à Untel sur Facebook que lorsque je le vois chaque mercredi ? Sur Facebook, nous sommes en représentation – nous ne sommes pas seuls, et d'autres « amis » sont les témoins des interactions entre Untel et moi. Et les échanges se font de manière virtuelle, c'est-à-dire de façon désincarnée. Bien entendu, chaque utilisateur devant son écran est bel et bien de chair et d'os. Mais il manque quelque chose de l'ordre de la confrontation (au sens propre) des corps en présence, avec toutes ses dimensions (émotion, langage corporel, sentiment, sensation...). Lorsque je parle à quelqu'un au téléphone, j'entends sa voix et il entend la mienne ; le corps est là. Même lorsque je reçois une lettre de quelqu'un, il y a quelque chose de son corps : son écriture est la trace d'un mouvement incarné et animé. Rien de tel via les supports dématérialisés. Les réseaux sociaux représentent donc une chance encore mal exploitée : entre représentation, désincarnation, entre-soi et autopromotion, le sens de la communauté est sans doute à peaufiner...

Alerte ! Je suis atteint du syndrome de la FOMO !

Si les réseaux sociaux permettent de nous tenir informés, d'être au courant de ce qui se passe, le flux d'informations sans cesse généré et renouvelé propose une multitude d'images, d'annonces d'événements, d'alertes de profil, de nouvelles publications. Il y a en permanence de nouveaux contenus qui arrivent, et il nous est donc parfaitement impossible de prendre connaissance de tout et de tout suivre. Conséquence : nous pouvons être en proie à la FOMO ; c'est le cas notamment des jeunes générations, ultra-connectées, qui y sont particulièrement sensibles.

La FOMO, c'est la *Fear of Missing out*, autrement dit la « peur de rater quelque chose », ou, plus parlant encore, la « peur de manquer ». Il y a un tel champ des possibles, tant d'occasions à saisir, qu'il faut non seulement faire des choix, ce qui implique nécessairement un renoncement, mais également accepter l'idée de rater des choses, c'est-à-dire de ne pas être au courant d'une chose ou d'une autre (tel événement, comme une fête ou un concert, telle publication jugée importante, etc.). On se trouve à une fête, on s'y sent bien, mais on voit sur les réseaux qu'une autre fête a lieu au même moment et qu'elle a l'air encore mieux. Gâchis ! On est chez soi, et on se rend compte qu'un apéro se déroule quelque part, alors même qu'on n'était pas au courant. Horreur ! Surtout, on a peur de manquer le sujet dont tout le monde va parler à l'école ou au bureau, la tendance du moment, l'actu à ne rater sous aucun prétexte. Car si on ne sait pas, on n'est pas dans le coup, et si on n'est pas dans le coup, on n'est plus en lien avec les autres, on se sent exclu.

La FOMO, c'est également la peur de prendre connaissance d'un message trop tard, en toute subjectivité bien entendu (un message qu'on n'aurait pas vu tout de suite). On peut glisser insidieusement dans l'angoisse de rater une occasion, et alors là, c'est le drame... Cela pousse 35 % des 16-17 ans à répondre systématiquement à leurs messages de jour *comme de nuit*, selon un sondage de l'Institut BVA au dernier trimestre 2018 ! Impossible donc de rester déconnecté trop longtemps... Il faut être réactif et répondre dans l'instant. D'ailleurs, bien souvent, les gens peuvent nous reprocher de ne pas savoir ou de ne pas répondre immédiatement : « Mais je l'ai mis sur Facebook ! » ; « Je t'ai envoyé un message (il y a 5 minutes) et tu ne réponds pas ! Que se passe-t-il (sous-entendu : j'angoisse, je me dis que ça cache quelque chose, qu'il a dû t'arriver un accident, peut-être es-tu mort ?) ? ».

En réaction, certaines personnes ont développé le JOMO (*Joy of Missing out*), c'est-à-dire le « plaisir de manquer quelque chose ». Cela signe surtout une revendication : que l'on n'a pas peur de rater de l'information *via* les réseaux sociaux, que l'on est dans un certain lâcher-prise, que l'on est capable de lâcher Facebook, Instagram, Twitter and Co. Car voici le *credo* : se déconnecter permet de se ressourcer. Et on affirme oser se déconnecter, sans complexe, en trouvant même cela très *fashion*, très *hype*. Cette revendication (puisque ç'en est une) amène, par exemple, à poster une publication en disant : « Journée JOMO », qui signifie tout autant : j'ai pris du temps pour moi, je n'ai rien fait de spécial, j'ai dû aller déjeuner chez ma grand-mère... L'attitude JOMO, aux antipodes a priori de l'attitude FOMO, utilise pourtant les mêmes codes : la *geek connection*. Tous dans le même bateau ? Oui, si l'on se montre incapable de penser hors cadre !

♥2

S'ÉCHAPPER DU RÉEL

Oui, les réseaux sociaux ont des atouts indéniables : accès à l'information, confort d'utilisation, sentiment d'appartenir à une communauté (au moins ponctuellement, de manière fugace ou désengagée affectivement et concrètement). Paradoxalement, en allant chercher la réalité du monde (croit-on) dans les réseaux, on éclipse la sienne. Le temps passé sur les réseaux, c'est le temps qu'on ne donne pas à son quotidien, ses proches, son environnement. Mais peut-être est-ce que l'on cherche inconsciemment (ou non) : s'échapper, fuir ?

Un remède contre l'ennui ?

Dans une salle d'attente, dans une queue, sur le quai d'une gare ou à un arrêt de bus, dans chaque moment d'attente, chaque fois qu'il y a un « temps mort », notre smartphone est notre meilleur allié (croit-on). On va alors, outre les mails et autres textos, sur les réseaux sociaux, et tout semble redevenir plein, vivant ; on apprend une nouvelle ou on interagit avec quelqu'un. Cela semble redonner de la couleur, l'attente est moins fade, moins longue. L'impression est là : dès que je réseaute, je cesse de m'ennuyer, cela me permet de passer le temps (et de me donner une contenance dans certaines circonstances, aussi).

En 2012 déjà, Xavier de la Porte, journaliste et producteur à *France Culture*, s'était demandé si les smartphones avaient tué l'ennui, en s'appuyant sur la lecture d'un article de CNN [Article du 12 octobre 2012 sur InternetActu.net ; en partenariat avec le Monde.fr]. Les nouvelles technologies ont considérablement influé sur la manière de passer le temps. Des chercheurs ont souligné le fait qu'un des besoins fondamentaux de l'être humain est de tuer l'ennui par tous les moyens possibles. Le smartphone, à portée de main, est donc l'outil idéal. Christophe Lynn, professeur d'anthropologie à l'université d'Alabama, comparait le geste de caresser son téléphone au fait de fumer une cigarette, considérant les deux comme des

« pivots », « des choses qui nous transportent très vite de la monotonie de la vie quotidienne vers un monde de jeu non programmé ».

Avec un smartphone, on peut jouer, regarder une vidéo, écouter de la musique, envoyer des messages privés, aller sur les réseaux sociaux ; ce faisant, le smartphone surstimule le désir qu'ont les hommes de jouer dès qu'ils sont confrontés à une frustration, comme l'attente. Ce désir est sans cesse renforcé par nos *habitus* et par la société tout entière. En effet, lorsque tout nous pousse à la rentabilité, l'utilité et la performance, il n'y a rien de plus angoissant que de ne rien faire ! « Quand vous êtes habitués à une stimulation constante, dès qu'elle vous manque, vous ne savez plus quoi faire de vous-mêmes. Quand vous êtes habitués à ne plus avoir aucun temps mort, tout vide produit de l'angoisse. Et là, nous avons le smartphone, il est le perpétuel soulagement à nos angoisses », souligne le chercheur.

Les chercheurs du Centre de recherche sur les questions sociales d'Oxford affirmaient au début de la décennie que le fait de remplir à tout prix le temps en permanence nous prive de beaucoup de choses essentielles, comme la créativité : « La surcharge informationnelle restreint considérablement le temps alloué à la réflexion personnelle, à la pensée, ou simplement à la digression mentale. Avec un téléphone portable continuellement allumé et une pléthore de distractions possibles pour l'œil, il est compréhensible que certains trouvent difficile de s'ennuyer de manière introspective. » Le philosophe Pascal le disait déjà : « Tout le malheur des hommes vient d'une seule chose, qui est de ne savoir pas demeurer en repos dans une chambre. » Face à la difficulté d'être soi, face à la crainte d'exister, face à leur condition d'êtres mortels, les hommes ont besoin de divertissement (du latin *divertere*, qui signifie « détourner » – le divertissement comme moyen de détourner, déjouer son angoisse).

Le divertissement que représentent les réseaux sociaux, et les nouvelles technologies en général, ne serait donc qu'un leurre – on n'échappe pas à l'ennui, et il nous est indispensable !

① L'ennui n'est pas forcément effacé par l'activité, notamment celle, passive, de se laisser aller au *scrolling* et de se laisser submerger par une multitude d'informations.

② La répétition amène l'ennui. La monotonie est rassurante, mais qui se sent vraiment vivant dans un cadre répétitif ? Rien de plus répétitif que les réseaux sociaux, non ? Tant en termes de contenus qu'en termes d'usages.

③ L'ennui est essentiel pour créer, et donc construire. Ne dit-on pas dans les traités d'éducation que l'enfant a besoin de s'ennuyer pour développer son imagination, et donc son intelligence ?

④ L'ennui est essentiel pour se (re)connecter à soi – l'ennui au sens de temps disponible.

Une bulle d'oxygène ou un refus de vivre ce qui se joue là, maintenant ?

On peut penser/éprouver/avoir l'impression que, comme avec un livre, s'évader dans les réseaux sociaux nous permet de respirer, souffler un peu. Et il y a de ça, indéniablement. Lorsque mon mari/ma compagne, après sa journée de travail, rentre à la maison et s'installe pendant une petite heure devant Facebook, c'est pour « décompresser ». Le quotidien est si pesant ! Il nous faut une récréation, un divertissement. Une pause. Un moment d'évasion. Un instant d'oubli (de ce qu'est notre réalité), ou un sas pour mieux se retrouver. Les utilisateurs envisagent donc souvent ce temps-là comme un ressourcement nécessaire. Avant d'envisager le retour au réel : il faut préparer à manger, faire les devoirs aux enfants (on dit souvent « faire les devoirs aux enfants », au lieu de « vérifier les devoirs » ou « aider/accompagner les enfants à faire leurs devoirs »), doucher les enfants, coucher les enfants, etc.

Mais on pourrait, pour décompresser, pour se ménager une pause, faire tout autre chose, non ? Lire une revue ou quelques pages d'un roman, faire un footing, promener le chien, prendre une douche, jouer avec ses enfants... Lorsqu'un moment à soi est un moment de connexion au fourmillement du monde, est-ce encore un moment à soi ? Au fond, avec les réseaux sociaux, on échappe à sa solitude en retrouvant le monde entier devant ses yeux mais, en même temps, on se coupe de notre monde extérieur (et intérieur) immédiat. On est dans la *projection*, dans l'*investigation*, dans l'*attente*. Rien de reposant, en somme... Plutôt qu'un moment de bien-être (une récréation), l'utilisation des réseaux sociaux peut signer une volonté de fuite et de repli. C'est un moyen de défense qui peut paraître confortable, en effet. Je suis à l'abri derrière mon écran, et je peux contrôler la situation. D'autant plus lorsque mon profil est un avatar ? Pas si sûr... La virtualité est un masque suffisant pour se sentir autorisé à voir, à dire, à se promener sur la Toile.

La difficulté arrive lorsque les réseaux sociaux sont un refuge permanent, un refus d'affronter le réel du quotidien, car se renforce le sentiment de solitude, au-delà des apparences, allant parfois jusqu'à l'isolement. Je ne vais pas sur les réseaux pour souffler un peu et être mieux avec toi, je vais sur les réseaux pour ne pas être avec toi. Combien de fois ne voyons-nous pas des gens assis sur un banc, au restaurant, dans un café les yeux rivés à leur smartphone sans prendre le temps de parler avec leur partenaire ? Si ce n'est pas une volonté délibérée (mais inconsciente) de ne pas vivre ce moment avec la personne avec laquelle on se trouve, c'est parce que l'utilisation excessive des réseaux sociaux nous désapprend à partager dans la vraie vie. Le réel (ici et maintenant) et la Toile, ce sont deux systèmes de codes différents. La preuve en est : on vit mal les contraintes du quotidien, mais on se soumet aux sollicitations constantes de nos applis : notifications, alertes, demandes, messages... On se souvient de ce clip qui envisage de vivre au quotidien de la même manière qu'on interagit sur Facebook : le résultat serait tout simplement absurde !

👉 Une part de rêve

On a tous besoin de rêver ! Pour cela, on se raconte des histoires, on lit des livres, on visionne des films. On fait travailler son imagination. Les réseaux sociaux, c'est aussi cela : de l'imaginaire qui s'écrit, qui se partage, qui se déroule en continu. Il y a de la créativité dans tout cela. On ne publie pas au hasard ! On soigne les images qu'on poste : on les photoshope, on leur donne des effets, on les sélectionne. On embellit. Car on veut voir la vie en beau ! Les réseaux sociaux apportent une part de rêve : tomber sur un film que l'on a envie de voir et que l'on programme pour le samedi suivant, tomber sur une image d'un endroit paradisiaque et se dire que ce serait si bien d'y vivre, voir l'annonce d'une initiative menée à bien, comme la mise en place réussie de jardins partagés non loin de chez nous, et se dire : pourquoi pas ?

Il est de bon ton d'affirmer que les réseaux sociaux ne sont pas représentatifs de la vie réelle. Cela va de soi, pourrait-on dire, et nous y reviendrons plus tard. Mais c'est justement peut-être pour cette raison que nous y passons tant de temps ! L'être humain n'a-t-il pas besoin de s'échapper du réel, d'envisager d'autres mondes, de se raconter des histoires ? Si ! Il peut y avoir de la vérité cachée derrière la mise en scène – qu'on songe à une pièce de théâtre, qui n'est que du faux mais qui dit le vrai des rapports humains, comme la fiction en général, qui est un révélateur de réalité. Si tant est que l'on parvienne à garder une certaine distance et un esprit critique aiguisé, beaucoup de choses se dévoilent dans les réseaux sociaux (à l'insu des utilisateurs, la plupart du temps) – même si, c'est vrai, c'est souvent moins intéressant qu'une bonne pièce de théâtre !

La difficulté est, de toute évidence, d'utiliser les réseaux en toute conscience ; d'où la nécessité d'informer les plus jeunes, plus vulnérables, qui ont tendance à se comparer aux autres, et donc à éprouver jalousie et frustration. Telle jeune fille au « corps parfait » sur Instagram, qui s'exhibe et fait l'apologie de ses astuces make-up ou autres bling-bling... cela ne doit pas faire oublier aux adolescentes que tout ceci n'est qu'une mascarade, un spectacle avec strass et paillettes, et cela ne doit en aucun cas devenir un critère objectif de beauté auquel il faudrait se conformer *à tout prix*. Finalement, les réseaux, c'est comme le casino. Ça brille, c'est beau, c'est chic et ça fait rêver. Tout ceci n'est que du *décorum*. Dès lors que l'on devient accro aux jeux et que nous avons le besoin compulsif de tirer sur la manette de la machine à sous ou de miser à la roulette, les choses se gâtent. Faites vos jeux !

STOP

♥3

CRÉER ET MAINTENIR LE LIEN AVEC LES AUTRES

C'est *la* raison d'être des réseaux sociaux. Tout le monde a besoin d'être en lien avec les autres. Et il faut bien le dire : les réseaux sociaux sont une réelle opportunité pour tisser du lien, ou pour conserver des relations. Il n'est pas rare de voir de belles rencontres avoir lieu grâce à Facebook, Instagram ou Twitter. Et le champ social s'en trouve considérablement élargi.

Se sentir aimé

N'oublions pas l'un des avantages majeurs des réseaux sociaux d'amitié comme Facebook. Le fait de maintenir des liens avec l'autre via les réseaux sociaux permet d'entretenir la relation ; on comble ainsi la distance, le manque, le vide. Et ça, c'est très rassurant. On peut également renouer avec des personnes perdues de vue, ou qui sont éloignées géographiquement. Les réseaux préservent les liens, et c'est ce que la majorité des gens recherche. Ils permettent de garder une place aux yeux de l'autre, une place vis-à-vis de l'autre. On peut se tenir informé de ce que vit l'autre, et on soigne le souci que l'on a de lui. Dans la course folle du quotidien, les réseaux ont la possibilité de nous faire suivre nos amis de manière simple, rapide et panoramique (tous nos amis en même temps ou presque, ce qui est un gain de temps et un soulagement pour notre charge mentale). Les messageries instantanées, à cet égard, sont tout à fait commodes (et l'on peut savoir si son interlocuteur a bien reçu le message ; on peut le vérifier).

Avec les réseaux sociaux, pour peu qu'on s'y investisse un minimum, on a l'impression d'être aimé. À travers les signes d'approbation, les réactions, on mesure l'impact que l'on a sur les autres, le pouvoir également, la place que l'on peut occuper. Derrière cela, les enjeux affectifs sont énormes : suis-je important pour l'autre ? L'autre fait-il attention à moi ? L'autre réagit-il à ce que je publie, lui envoie ? Les témoignages d'approbation sont ainsi perçus comme des signes d'amour. Au-delà de ma publication, qui importe peu, parfois, et qui peut n'être qu'un prétexte, je peux me rassurer sur le fait que l'autre m'aime : s'il interagit avec ce que j'ai publié, c'est qu'il fait attention à moi et qu'il me manifeste, par cette interaction, son intérêt pour moi. Il valide notre relation.

Il y a une confusion des genres évidente, mais c'est parce qu'il se joue énormément de choses sur les réseaux. Par exemple, nous avons rencontré une grand-mère, férue de Facebook (elle est à la retraite depuis longtemps, vit seule et cherche sans doute à passer le temps, à se divertir), qui a supprimé de ses amis Facebook son petit-fils. Non pas parce qu'ils s'étaient fâchés, non pas parce qu'ils ne sont plus en relation, mais parce que son petit-fils ne likait jamais ses publications ! « Puisqu'il se moque bien de moi, que je ne l'intéresse pas, alors je le supprime de mes amis » (sous-entendu : « Pour me protéger, je préfère savoir qu'il ne peut pas interagir avec ce que je publie parce qu'il ne voit pas ce que je publie plutôt que savoir qu'il peut voir, qu'il a sûrement vu mais qu'il n'a pas réagi, et donc qu'il est complètement indifférent à moi, sa grand-mère – ce qui est proprement scandaleux »). Incroyable, n'est-ce pas ? Mais pourtant, oui, les réseaux d'amitié comme Facebook peuvent exprimer bien des choses quant à la psyché de l'utilisateur…

Se sentir vivant, se sentir acteur

On me demande en ami, on m'envoie des messages, on suit ce que je fais, ce que je dis, ce que publie ; je fais de même vis-à-vis des autres : c'est le propre de la vie sociale, transposé au monde virtuel. Mais c'est même encore mieux, parfois. Pourquoi ? Parce que c'est simple et facile ! Il est plus compliqué d'arrêter un passant dans la rue et de lui demander : « Dis, tu veux bien être mon ami ? » N'est-ce pas ? Un simple clic, sans avoir même un mot à dire, sans être sous le regard de l'autre, qui peut me jauger, examiner mon langage paraverbal, trouver que je suis mal habillé ou que j'ai une tête à faire peur… Sur les réseaux, nous avons moins de complexes – justement parce que les corps ne sont pas en présence, justement parce que nous ne sommes pas soumis aux mêmes codes que dans la vie réelle, concrète. Je peux interagir avec quelqu'un alors même que je suis en pyjama, sous ma couette, aux toilettes (qui ne le fait pas ?), bref, dans des conditions habituellement inopportunes et malvenues dans la sphère sociale, et pour cause.

De là à se dire que je suis accepté tel que je suis, il n'y a qu'un pas. J'ai l'impression d'être sans fard, d'être juste moi, même dans mes moments honteux, et que je suis accepté malgré tout. J'existe, j'ai une place, j'ai un petit nid tout chaud dans lequel me reposer. J'y fais des rencontres, des échanges, des partages : les réseaux sociaux sont une place publique calfeutrée et douillette et on s'y sent chez soi. On y cherche et on y trouve de la fraternité, de la convivialité, de la sympathie, de l'amitié ; en somme, tout ce qui nous fait vivre et donne du sens – tout ce dont nous avons besoin. Je peux être parfaitement marginal dans la vie de tous les jours, être taciturne et réservé, avoir du mal à communiquer avec les autres et être peu sociable, et vivre des interactions sur les plateformes sociales, avec une certaine légèreté, un brin d'insouciance et un véritable soulagement. D'autant plus que la palette des utilisateurs est si large qu'il y aura toujours quelqu'un pour échanger avec moi. Le sentiment de solitude se fait oublier, et on nargue un peu notre condition de finitude (et de mal-être social, aussi).

Les réseaux sociaux ont ceci de « magique » qu'ils connectent tous les individus sur la planète, à parts égales. Chacun y a sa place au même titre qu'un autre, les réseaux sociaux sont par essence horizontaux – même si un profil n'a pas le même impact sur les autres utilisateurs, selon que l'on soit célèbre ou que l'on soit le parfait inconnu d'une petite bourgade (à moins que l'on parvienne à créer le buzz). On peut distinguer le type de réseau en toile (interconnexions multiples, avec exigence d'interactions), comme Facebook, ou le type de réseau pyramidal (interconnexions à partir d'une contribution, sans nécessairement d'interactions), comme YouTube. Mais dans tous les cas, chacun peut se créer un profil et avoir sa place sur la Toile. Et la raison qui nous pousse à créer un profil ? Cela crée du lien, de la collaboration, de la solidarité, et on participe de cette grande chaîne de l'amitié. On a une place à prendre, un rôle à jouer. On devient acteur. On peut tout commenter, exprimer son point de vue, dire si l'on aime ou non. Les réseaux sociaux sont un espace de liberté d'expression, de parole. « J'ai mon mot à dire sur X ou Y. » Et je peux être entendu, lu, relayé. Ce que je dis, pense, fais, ça compte !

La reliance, cette caractéristique des réseaux sociaux, peut pourtant se révéler néfaste. En effet, dans cette interconnexion permanente, l'humeur négative se propage comme une traînée de poudre et peut asphyxier les échanges et l'esprit. Dans les réseaux sociaux, on peut laisser libre cours à ses pulsions, à ses émotions, et cracher ses frustrations à la face du monde. Par exemple, on trouve des groupes Facebook anti-Untel : groupes « Pour que Christophe Barbier se taise » ou « Pour que Christophe Barbier soit dégagé d'itélé » (Christophe Barbier est un journaliste, éditorialiste et chroniqueur politique) ; groupe « Je hais Jean-Michel Apathie » (Jean-Michel Apathie est un journaliste politique) ; groupe « CCP (Comité Contre Pujadas) », dont la description est : « Allergie au playmobil qui met des cravates marron couleur caca [sic] » (David Pujadas est un journaliste). Que les journalistes suscitent les passions et occupent une position que des gens peuvent critiquer, c'est une chose (nous y reviendrons plus tard), mais que des groupes s'organisent pour déverser leur haine (même s'ils sont en minorité), ç'en est une autre ! Car il ne s'agit bien évidemment pas d'échanges d'analyse de discours ou de pensée, mais uniquement de propos qui s'apparentent à du délit de faciès ou à de la frustration mal contenue (« sale tête », « détestable », « change ton écharpe », « cravate pourrie », etc.) – que des choses très réjouissantes (et très constructives), en somme ! Bref, sur les réseaux, il y a tout, et parfois n'importe quoi (et on a du mal à voir ce que ça peut apporter).

Faire s'exprimer le militantisme social et politique

Le printemps arabe en a été le révélateur : les réseaux sociaux permettent de fédérer une partie du peuple autour d'une cause commune et de générer des mobilisations, voire des révolutions. Si tout ce qui se passe sur la Toile est virtuel, l'impact peut-être bien réel ! Les réseaux sociaux ont donc un effet levier sans précédent aujourd'hui, comme le furent en leur temps le livre imprimé, les journaux, la radio ou la télévision. Les médias jouent un rôle puissant dans la société en diffusant les informations et en délivrant leurs idées (ce n'est pas pour rien que les dictatures musellent tous les organes de presse). Dans un monde 2.0, les réseaux sociaux sont incontournables. Ils permettent de créer de l'opinion, de toucher les masses (propagation et viralité) et de faire naître des actions politiques et/ou sociales. Les réseaux sociaux sont donc un outil important pour les minorités, ceux dont la voix a dû mal à se faire entendre – un outil proprement démocratique, créateur de démocratie. Le mouvement #Metoo – #BalanceTonPorc dans la version francophone – a permis non seulement de traduire en justice Harvey Weinstein, mais également de libérer la parole de milliers (millions ?) de femmes victimes d'agressions sexuelles ou de harcèlement à travers le monde.

Cela a permis de mettre en lumière le fléau du sexisme et du machisme, de dénoncer cette hypocrisie dans les sphères de pouvoir, mais pas seulement. Ceux qui se la jouent « mâle dominant » n'ont qu'à bien se tenir : les réseaux sociaux ont vite fait de les accuser et de les soumettre à la vindicte populaire. Attention cependant aux rumeurs, à la diffamation et au partage de fake news, bien entendu...

La puissance du hashtag est indéniable à l'ère du numérique. Le hashtag est un mot-clé précédé du marqueur Internet « # » ; en cliquant sur un hashtag, on est redirigé vers des tweets traitant du même sujet (le hashtag est un outil de Twitter au départ, et son succès fut tel qu'Instagram et Facebook ont pris la relève). Il permet de réunir des communautés, d'attirer l'attention, de susciter l'intérêt ou l'engouement, de drainer les foules. Véritable outil de connexion et d'engagement, il a le mérite de réunir les gens autour d'un idéal commun, d'une bataille sociale. En ce sens, il est un contre-pouvoir très efficace. Il est intéressant de noter que ce sont les mots qui prennent le pouvoir. Face à la barbarie et l'intégrisme, par exemple, le hashtag #NotInMyName fut une bouffée d'oxygène : cette campagne Twitter menée par des jeunes musulmans contre l'État Islamique avait pour ambition de s'insurger contre l'amalgame qui peut être fait entre Islam et terrorisme. Formule slogan, le hashtag se passe de longs discours, et sa force réside dans sa viralité ; un peu à la manière d'une pétition dont le simple nombre de signatures peut faire changer les choses. Par le pouvoir d'un mot, c'est toute l'indignation d'une personne qui s'exprime, et plus les relais et les engagements sont nombreux, plus le mot-clé devient une force, tel un manifeste.

Bien évidemment, tout cela nous semble louable lorsqu'il s'agit de défendre des valeurs qui nous tiennent à cœur. Pour autant, ce ne sont pas que les belles actions et les belles idées qui fleurissent et se partagent sur les réseaux sociaux. Le 15 mars 2019, une attaque terroriste sans précédent a touché la Nouvelle-Zélande. À Christchurch, un homme s'est rendu dans deux mosquées et a fait feu sur les fidèles, pendant la prière du vendredi. Au moins 50 personnes sont mortes, et des dizaines ont été grièvement blessées. Cet attentat fut le plus meurtrier jamais perpétré contre des musulmans dans un pays occidental. Quelques minutes avant le massacre, un message avait été publié sur le forum anonyme 8chan, où se rassemblent et échangent des internautes d'extrême droite. Dans ce message, un utilisateur annonçait l'attentat et précisait qu'il serait retransmis en direct sur les réseaux sociaux : « Je vais mener une attaque contre les envahisseurs, et je vais même diffuser en direct cette attaque sur Facebook. Vous avez le lien Facebook ci-dessous, et au moment où vous lirez ceci, le live devrait commencer. »

La tuerie de masse de Christchurch est en effet filmée et diffusée en direct sur le profil Facebook de Brenton Tarrant, un Australien de 28 ans, l'auteur présumé de l'attentat. Il avait joint au message annonciateur de son crime un « manifeste » de plus de soixante-dix pages exposant et justifiant ses motivations. Les images du massacre, filmées à la GoPro, portée au niveau du visage du tueur, ont été retransmises en direct sur Facebook pendant 17 (longues et insupportables) minutes. Pour la plupart des journalistes, cette mise en scène revendiquée et filmée à destination des réseaux sociaux signe l'aveu que les images font partie intégrante du projet du terroriste. Sur 8chan, celui qui annonçait l'attentat avait déclaré : « Faites votre part en diffusant mon message. » Il y avait une ambition de diffusion massive et de viralité. Et le plus étonnant, peut-être, c'est que peu de gens, au moment du live macabre, critiquent la tuerie, et que beaucoup s'en réjouissent même. La vidéo a énormément circulé, et pas que sur Facebook. D'autres plateformes ont pris le relais, comme YouTube ou Twitter.

Pour autant, chacune des plateformes en question érige en principe l'interdiction d'images violentes. Si Facebook a supprimé les comptes Facebook et Instagram du tireur et la vidéo après l'alerte lancée par la police néo-zélandaise, la vidéo a continué de se diffuser sur les autres réseaux. La modération des réseaux sociaux est en effet un problème. Le caractère viral de certaines images rend la chose encore plus compliquée. Les critères de modération semblent également trop flous, voire discutables. Par exemple, les images qui font référence aux parties génitales sont infiniment plus censurées que les images qui font l'apologie de la violence ou qui sont incontestablement violentes.

Un test avait été effectué sur Facebook. Une image d'une femme nue (on voyait sa poitrine) a été quasi immédiatement retirée par le système de modération, alors que, parallèlement, l'image d'un homme assis arborant une pancarte sur laquelle on peut lire des propos racistes de manière obscène ne le fut pas dans l'immédiat. De la même manière, Instagram avait censuré une représentation de clitoris. Le compte @jouissance.club a pour objectif de parler de l'épanouissement sexuel afin de faire évoluer les mentalités sur la sexualité ; ce compte Instagram propose donc des schémas (qui n'ont rien de pornographique, et qu'on pourrait trouver sur une planche d'un manuel de SVT). Le schéma du clitoris posté répond à l'ambition de la créatrice du compte, Jüne, de déconstruire « le plus gros mythe », à savoir « qu'une femme ne puisse avoir des orgasmes que grâce à la pénétration ». Instagram avait immédiatement supprimé sa publication et bloqué le compte de l'utilisatrice. Comment s'est résolue l'affaire ? Par une campagne avec le hashtag #sexualityisnotdurty, bien sûr !

Les réseaux sociaux sont donc plus enclins à bloquer tout ce qui s'apparente à la dimension sexuelle que ce qui s'apparente à la violence, et c'est un véritable problème. On le verra à nouveau par la suite, on peut voir des campagnes de harcèlement éhontées, des images qui font l'apologie du crime et de la barbarie, voire même des images d'une tuerie de masse sans que cela n'émeuve dans la foulée les modérateurs, ni même les utilisateurs. C'est souvent trop tard que les gens se réveillent, et le mal est déjà fait...

2

L'IMAGE DE SOI À TRAVERS LES RÉSEAUX SOCIAUX

♥1

LE RENFORCEMENT DE L'ESTIME DE SOI

Qu'est-ce qui se joue psychologiquement dans notre rapport aux réseaux sociaux ?

Quels sont les besoins profonds, derrière les besoins affichés, revendiqués, rationnels ?

Que dit-on de soi à travers l'image de soi que l'on construit sur les réseaux sociaux ?

Énormément de personnes souffrent de fragilités ou de blessures narcissiques. Difficultés à s'accepter tel que l'on est, doute quant à la capacité d'être aimé et besoin de réassurance quant à sa valeur… Cela est le signe d'une estime de soi fragile, défaillante, voire absente. Le regard des autres peut nous permettre de renforcer notre estime de soi : approbation, valorisation, validation, considération. Les réseaux sociaux, consciemment ou non, permettent de recevoir les signes de renforcement positif dont nous avons tant besoin pour nourrir notre confiance en nous et rétablir notre estime de nous-mêmes. *A priori.*

👍 Une réparation narcissique ?

Les réseaux sociaux, par les liens qu'ils permettent de créer avec d'autres individus et par le sentiment d'appartenance à une communauté qu'ils entretiennent, favorisent la confiance en soi : on a la possibilité/capacité de rencontrer des gens, d'échanger et d'interagir avec eux. On se sent entouré, et donc moins seul. On se sent *intégré*. On se sent *important*. On se sent *intéressant*. On se sent également *audacieux*. On *ose* dire, publier, prendre contact, interagir, etc. Tout cela est évidemment essentiel pour le narcissisme et permet de se sentir renforcé dans son identité, dans son être.

Pour autant, ça ne se passe pas tout à fait comme cela ! Si je cherche dans les réseaux sociaux les moyens de me réparer et de soigner mon estime de moi, je suis confronté à deux écueils majeurs, le deuxième étant la conséquence du premier :

① J'aurai besoin d'une réassurance permanente. Il ne suffit pas qu'on like ma publication (ce qui me fait du bien sur le moment), il faudra qu'on like mes publications à chaque fois. Si ce n'est pas le cas, je développerai le sentiment que l'on ne m'aime plus, que l'on ne s'intéresse plus à moi, que j'ai fait une erreur. J'aurai donc besoin en permanence de preuves que je suis à la hauteur des attentes.

② Je suis soumis au diktat de l'approbation. Je ne vis plus que dans le regard de l'autre. Le regard que je peux porter sur moi dépend du sien. Je perds donc mon autonomie, mon indépendance et ma capacité à juger par moi-même.

En quoi les réseaux sociaux peuvent-ils être perçus comme un moyen de réparation narcissique, et comment cela se passe-t-il psychiquement ? Voici ce qui se joue, lorsque l'on ne contrôle pas l'utilisation que l'on en fait.

➤ Le circuit de récompense induit par les réseaux sociaux est celui-ci :

Je publie un contenu ➔ il y a interaction ➔ cela me fait du bien, me rassure (récompense).

➤ Puisque la récompense est agréable, je peux faire en sorte d'activer ce circuit le plus possible :

Je publie un contenu ➔ il y a interaction ➔ cela me fait du bien, me rassure (récompense) ➔ je publie à nouveau ➔ il y a interaction ➔ récompense ➔ etc. = PRINCIPE DE L'ADDICTION

➤ Je peux ainsi rentrer dans un cercle vicieux :

Je publie un contenu ➔ j'attends l'interaction ➔ anxiété ➔ interaction ➔ j'attends davantage d'interactions ➔ anxiété ➔ interaction ➔ je publie un contenu ➔ etc. = PRINCIPE DU STRESS (lié à l'addiction)

➤ On peut ainsi visualiser l'engrenage de l'utilisation excessive des réseaux sociaux :

Besoin de renforcement de l'estime de soi
(réparation narcissique)
↓
Activation du circuit de la récompense narcissique
↓
Addiction
↓
Anxiété/Stress/Comportements compulsifs
↓
Troubles du sommeil, syndromes dépressifs
↓
Perte de l'estime de soi

La récompense est donc à court terme, et des conséquences fâcheuses peuvent s'ensuivre qui, au lieu de renforcer l'estime de soi, ne font au contraire que la fragiliser encore davantage. Ce faisant, l'utilisateur peut avoir une tendance à l'isolement – ce que l'on peut constater trop souvent chez les adolescents, alors même qu'ils traversent une période de leur vie intense en réflexions sur la question de leur identité, de leur place et de leur avenir.

Au-delà de la question de la réparation narcissique, question sensible par excellence, que cherchent les internautes dans leurs interactions sociales virtuelles ?

Se sentir reconnu : le cas particulier des Gilets jaunes

Le président de la République, Emmanuel Macron, au Salon de l'agriculture en février 2019, répond devant les caméras à un homme qui lui expliquait avec émotion sa détresse : « Je sais, vous avez besoin de reconnaissance… » Et l'homme a fondu en larmes dans ses bras… Être reconnu dans son travail, dans sa famille, dans la société : c'est ce à quoi aspire tout un chacun, une espèce de Graal que nous n'avons de cesse de chercher notre vie durant. Les réseaux sociaux permettent de trouver cette reconnaissance tant convoitée, même si c'est de manière superficielle et éphémère.

Un like, un commentaire, un retweet, un abonnement… sont autant de signes de reconnaissance. Mais une reconnaissance de quoi, au juste ? De la valeur, de l'intérêt, de l'utilité de ce que je publie. Lorsque l'on interagit avec une de mes publications, c'est que je suis vu, entendu, écouté, apprécié, aimé, plébiscité, valorisé, etc. Bref, j'existe aux yeux de l'autre, qui me signifie que j'existe à ses yeux, que je fais ou dis quelque chose d'important, quelque chose qui a de la valeur. La tentation est facile de croire que le moi tout entier est contenu dans le post (ou que ce dernier est une fenêtre ouverte sur le moi tout entier) ; d'ailleurs, tout le monde le croit. Je publie, donc je suis, et je suis ce que je publie. Cette quête de la reconnaissance s'illustre de manière exacerbée et « transcendée » dans le mouvement des Gilets jaunes qui, comme le Printemps arabe, a pris naissance sur les réseaux sociaux – c'est dire, à nouveau, l'importance des réseaux sur la Toile pour fédérer les mouvements sociaux.

Le 18 octobre 2018, suite à l'annonce d'une hausse des taxes sur le carburant « en faveur de la transition écologique », Jacline Mouraud a posté une vidéo sur Facebook dénonçant la « traque aux conducteurs », devenue rapidement virale. Parallèlement, une pétition « Pour une baisse des prix du carburant », lancée par Priscillia Ludovsky, fait grand bruit. Les internautes s'organisent dans des groupes

Facebook pour dénoncer les nouvelles taxes. L'idée est de manifester sa colère, faire entendre son mécontentement. On s'exprime, on se révolte ; on se sent soutenu, compris, encouragé. On sent que notre mal-être est reconnu. Pour aller plus loin, et afin de rendre cette vague de contestation significative, il fallait passer du virtuel au réel, d'Internet à la rue. Ce sera chose faite le 17 novembre, premier jour de blocage des Gilets jaunes et reconnaissance par les médias et par l'exécutif du mouvement.

Suivront alors de nombreuses journées de manifestations, blocages – et de nombreux débordements et d'accès de violence, également. D'autres revendications émergent. Du ras-le-bol fiscal on passe à la détresse sociale et à la remise en cause des institutions. On ne *reconnaît* plus la représentativité des élus, la délégation du pouvoir. On ne *reconnaît* plus l'ordre hiérarchique établi de la République et on veut être reconnu comme un acteur à part entière de la vie politique (en revendiquant le RIC, le référendum d'initiative citoyenne). On veut fonder une démocratie directe, horizontale, sans *médiation*.

Dans une société centrée sur l'individu, cela n'a rien d'étonnant. Au-delà de cela, ce que ce mouvement met au jour, c'est une crise de confiance profonde : on ne veut compter que sur soi-même, on veut être maître de la parole. Des thèses complotistes au refus de toute forme de représentation politique, ce qui est en jeu est le pouvoir. Le mouvement s'est créé dans la convergence d'opinions, dans le partage et dans l'élan de solidarité. Les Gilets jaunes étaient heureux de se retrouver sur les ronds-points pour goûter aux bienfaits de moments passés dans l'amitié, le réconfort et le sens commun. Ils étaient heureux de participer à un idéal de vie social et politique. Pour autant, dès qu'il a fallu reconnaître des leaders, des représentants, la bataille a fait rage, et souvent même avec violence : on trouvait toujours que telle personne n'était pas légitime pour représenter l'ensemble des Gilets jaunes – et de la même manière, les journalistes ont été violemment critiqués alors même que ce sont les médias qui ont donné au mouvement toute sa visibilité. Et pour cause : chacun parle en son nom, tout le monde refuse d'être représenté par quelqu'un d'autre (méfiance envers les représentants et les médiateurs).

Cette quête de la *reconnaissance* de l'individu particulier passe par une *non-reconnaissance* de la parole collective (c'est-à-dire de la parole d'un individu qui incarnerait une parole collective). Le désir de reconnaissance que peuvent assouvir les réseaux sociaux éprouve donc cette limite : il faut rester à l'individuel, en tout cas à l'entre-soi – c'est d'ailleurs la limite propre des réseaux sociaux. Même si Facebook permet de rallier des communautés (et Facebook les rallie car les individus se reconnaissent dans l'autre qui leur apparaît le même : « tu es comme moi »), il ne peut réunir ou rassembler que pour un temps et selon des modalités précises. Car on ne peut faire fi de la différence trop longtemps, elle apparaît forcément à un moment ou à un autre ! Ainsi, au fil des mois, ceux qui apparaissaient comme les leaders du mouvement se sont vus progressivement délaissés par leurs followers et progressivement désavoués ou rejetés par un certain nombre de ces derniers.

Les revendications étaient devenues trop diverses, trop éparses, trop personnelles aussi peut-être, et la colère avait besoin de se répandre par tous les moyens. Elle s'est donc écoulée partout, à tous les niveaux, pour tout. Et on peut poser comme hypothèse que le cœur de tout cela est la quête de sens et de reconnaissance. C'est ce qu'on cherche sur les réseaux sociaux, ce qu'on trouve souvent, momentanément, mais qu'on doit réactiver et réfléchir sans cesse si on ne veut pas s'épuiser dans la surenchère nombriliste, qui consiste à ne voir dans l'autre que ce que j'y trouve de moi. Se sentir reconnu pour exister, bien sûr, mais il faut reconnaître dans le même temps l'autre également... sinon le système s'épuise et s'écroule.

Se sentir utile

Cela peut sans doute paraître curieux, mais l'utilisation des réseaux sociaux peut permettre de se sentir utile. C'est sans doute encore plus vrai pour YouTube. Sur YouTube, je partage des contenus multimédias qui peuvent profiter aux autres. Acte gratuit comme une graine lancée dans l'univers et qui trouvera bien à germer quelque part. Nous sommes d'ailleurs tous reconnaissants de pouvoir trouver tel film que nous avions envie de voir, telle conférence à laquelle nous ne nous attendions pas et qui nous a appris tant de choses ou tel album de musique que nous avons eu tant de plaisir à écouter.

Tout cela à portée de main grâce à de gentils contributeurs... Ce n'est d'ailleurs pas anodin qu'on appelle les contenus mis en ligne des *contributions*. Attention cependant à ne pas contrevenir à la loi sur la propriété intellectuelle. Les artistes ont le droit d'être rémunérés pour leur travail, et leurs œuvres sont protégées !

Les Youtubeurs, qui se filment et partagent leurs vidéos sur leur chaîne YouTube, se pensent utiles à leur communauté : ils leur apportent des savoirs (quels qu'ils soient : mode, culture, psychologie, etc.) ou du divertissement (sketchs, caméras cachées, défis ubuesques, etc.). Ils font donc plaisir à leurs abonnés, ils leur font du bien, ils leur apportent quelque chose (ce faisant, ils se mettent en scène, mais cela nous le verrons plus loin).

Les autres réseaux sociaux ne sont pas en reste : sur Instagram, je partage de l'image ; sur Twitter de l'information ; sur Facebook de l'intérêt ou de l'affection – tout cela dans les grandes lignes, bien entendu. En donnant des conseils, un avis, je peux participer à quelque chose qui est important pour quelqu'un. Un simple like, un simple commentaire peut parfois être le signe d'un élan de solidarité ou d'amitié : par empathie, on sait que cela va faire plaisir à l'autre. Un peu comme une B.A. Je prends alors la place de l'aidant. Je partage ce que tu publies et, ce faisant, je te donne un coup de pouce. Un ami fait un petit concert dans un pub samedi soir ? Je partage, je fais sa publicité, et l'ami en question m'en saura gré. De la joie toute simple, en somme, qui fait du bien à notre ego.

Pour autant, que cela ne nous dédouane pas de notre responsabilité et de notre engagement. Car autant il est facile de partager une publication, de retwitter, de liker, autant il est parfois difficile de poser des actions concrètes, efficientes, qui demandent du temps, de la disponibilité et de l'énergie. C'est encore mieux d'aller aussi voir l'ami en concert au pub le samedi soir, et de lui signifier notre attachement réel – pas de dérobade !

Se sentir important et se sentir autorisé à tout dire : attention danger !

Aujourd'hui, nous avons affaire au règne de l'opinion et de l'avis. Que l'on commande un objet en ligne ou que l'on fasse appel aux services d'une entreprise et l'on recevra inlassablement des mails ou autres annonces publicitaires nous invitant à donner notre avis sur l'objet acheté ou le service rendu : « Donnez-nous votre avis ! », « Votre avis nous intéresse ! », « Votre avis compte pour nous ! ». Tout est prétexte à commenter ; tous les sites Internet ont leurs rubriques commentaires, toutes les fiches-produits, tous les médias, qui se démultiplient avec les réseaux sociaux, presque toutes les entreprises ont leurs pages Facebook, Twitter ou Instagram. Tout cela, c'est du marketing, une façon de fidéliser les clients et de s'en attirer d'autres. Ne soyons pas dupes !

L'écueil majeur de l'utilisation des réseaux sociaux à visée narcissique – et beaucoup de journalistes ou d'intellectuels soulignent ce fait – est celui du sentiment de sa propre importance (appelons-le ainsi). Non pas que chacun doive prendre conscience qu'il n'est pas quelqu'un d'important, bien entendu ! Mais par sentiment de sa propre importance, il faut entendre ici cette attitude (psychologique, intellectuelle, morale) égocentrique et nombriliste qui pousse à dire ce que l'on pense, ce que l'on vit, ce que l'on fait en ayant le sentiment que tout cela a de l'importance – doit avoir de l'importance – pour les autres. La tyrannie du moi ! Cela n'est pas propre au fonctionnement des réseaux sociaux mais :

① cela entretient le fonctionnement des réseaux sociaux ;

② cela explique en partie les dérives des réseaux sociaux ;

③ cela explique en partie le succès des réseaux sociaux.

La majorité des gens pensent qu'ils peuvent tout dire, et qu'il est légitime qu'ils disent tout. La société les pousse à le croire, en leur demandant sans cesse quel est leur avis sur tout. On dit tout ce qu'on a envie de dire (tyrannie du désir), ou plutôt on balance tout ce qu'on a envie de dire (avec un petit zeste d'arrogance). De la tarte de Cécile aux *desiderata* politiques de Jean-Claude Machin, le Web tout entier est un espace *no limit* du post ou du commentaire permanent.

Pour illustrer notre propos, prenons l'exemple de l'article du journal *Le Monde* publié via Facebook et intitulé « Karl Lagerfield, au nom de Chanel », suite à la mort du célèbre couturier le 19 février 2019 (tous les exemples seraient parlants, mais celui-ci nous semble encore plus significatif : il s'agit d'un article non polémique a priori, et il constitue en outre un hommage à une personne célèbre disparue).

Le post du *Monde* (21/02/2019) :

> **Le Monde**
> Rediff | « Il faut garder l'idée de Chanel, mais pour les femmes d'aujourd'hui. Ce n'est pas pour habiller les gens ivres de passéisme ou les mémés qui ne comptent pas pour la mode. » **#abo**
> **Karl Lagerfeld, au nom de Chanel**

Dans les commentaires, on peut lire :

Ses défauts dépassaient ses qualités.
Il ne va pas nous manquer.

parlez pour vous ☺

Mr il avait des talents certes mais il n'était pas apprécié on n'a le droit de s'exprimer tout de même

Le tout réservé aux élites autoproclamées...

Bien détestable ce monsieur.

Le luxe un rêve terrestre mais inaccessible pour la majorité

Une vie

Elles vont bien ses mannequins anorexiques ?

#Abonnés était trop long à écrire ?

Les commentaires sur Facebook sont toujours, peu ou prou, de ce type. Le principal sentiment qui émerge ici est l'agacement (cela aurait pu être de la compassion, comme c'est souvent le cas pour l'annonce de la mort d'une célébrité.) Ces commentaires soulignent la méfiance : envers les médias, les puissants, les élites, le monde de l'argent – et le milieu de la mode est associé à tout cela. Les internautes expriment ici leurs frustrations. Mais ce qui questionne est : pourquoi ?

Dans quel but ? À qui précisément ? Bien difficile de répondre… C'est que tous ces commentaires participent d'un grand *déballage* qui s'autosatisfait de dire (« On n'a le droit de s'exprimer tout de même » [sic]) et qui n'admet pas la contradiction (qui la vit très mal, en tout cas). L'internaute se sentirait-il investi d'une mission de messager ? Il semblerait qu'il s'exprime au nom de tous (« Il ne va pas nous manquer »), comme s'il était le représentant de la société tout entière (« inaccessible pour la majorité »), garant parfois des codes d'usage de la langue (« Trop long à écrire ? »). Bref, tout est bon pour ériger son avis en leçon de vie, en vérité *absolue* (« Il n'était pas apprécié » = vérité pour l'utilisateur).

Si les réseaux sociaux permettent d'avoir des espaces d'expression libres, comme au café du commerce, ils s'apparentent trop souvent à des *défouloirs*. Car enfin, quel sens cela a-t-il ici d'écrire que ce monsieur est « Bien détestable » ou encore juste : « Une vie » ? D'autant plus si nous ne sommes pas dans un échange ? Car l'échange semble possible que si l'on est du même avis… Cette complaisance à s'exprimer ne doit pas faire oublier que nous sommes dans l'opinion et non dans la pensée. Le but de l'expression n'est-il pas d'affiner son jugement, de se confronter à l'autre pour penser avec plus d'ampleur ?

Peut-être que la place prépondérante qu'occupent les réseaux sociaux dans notre vie est une chance : ces derniers nous poussent à réfléchir à notre liberté. Que dois-je faire ou que puis-je faire de cette liberté qui m'est donnée à m'exprimer et à entrer en interaction avec d'autres ? Quelles sont les limites de cette liberté ? On estime souvent que le débat est le signe de l'intelligence, parce qu'il est confrontation de pensées. Mais sur les réseaux, ce n'est pas du débat (pas souvent en tout cas, loin s'en faut) : c'est du conflit, de la critique gratuite, de la ronchonnerie – c'est souvent dogmatique et vain. La vacuité des commentaires doit nous alerter sur la nécessité de cultiver notre esprit critique et notre humilité : nous ne savons pas tout (Socrate dirait même : « Nous savons tous que nous ne savons rien. »), nous n'avons pas à sauver l'humanité de son ignorance, nous devons déjà prendre soin de notre dignité d'être humain – et c'est déjà beaucoup !

Autre point important, ce qui se joue dans ces tous ces avis à l'emporte-pièce révèle une crise de confiance majeure. Nous vivons, semble-t-il, dans une suspicion permanente. Nous louchons sur l'assiette du voisin sans nous préoccuper de ce que nous avons dans la nôtre. Tous pourris, tous vendus, tous sauf moi. Heureusement que je suis là pour sauver l'honneur ! Plaisanterie mise à part, c'est une posture dangereuse que de s'éprouver comme une victime en permanence :

① Nous devenons une cible facile pour toutes les idéologies nauséabondes ;

② Nous sommes vulnérables aux fake news et colportons nous-mêmes des rumeurs sans aucun fondement.

③ Nous pensons savoir mieux que les autres.

Prenons donc un peu de recul, et ne nous laissons pas flatter par les sirènes qui nous demandent de donner notre avis. Voyons, comme dirait Jacques Salomé, d'où ça parle : qui me demande mon avis et mon commentaire, et ce qui se joue en moi lorsque j'ai envie de commenter ou lorsque je donne mon avis. La réflexion sur l'estime de soi a encore de beaux jours devant elle...

♥2

LA MISE EN SCÈNE DE SON IMAGE

La volonté de renforcer l'estime de soi, de se réparer, de dorloter son ego et de trouver sa place au sein de la communauté dans et par les réseaux sociaux pousse à mettre en scène sa propre image : il faut être attirant, aimable, admirable. Objectif séduction et art de la représentation !

La valorisation de soi

La société a ses mots d'ordre : il faut être beau, performant, heureux ; il faut s'accomplir, réussir, s'épanouir. Ces injonctions sont inscrites dans la sphère de représentations de chaque individu. Il s'agit de montrer que l'on est dans la course. Que l'on est quelqu'un de bien (au sens de « J'ai de la valeur »). Il faut être à la hauteur des attentes sociales. Il faut donc se montrer sous son meilleur jour ! Cela passe par l'image (au sens concret du terme, d'abord) : photos de profil, photos de vacances, des plats que l'on mange, de ses amis... tout est bon pour montrer que l'on existe, que l'on vit de belles choses. On s'agite dans tous les sens, on montre tout, même le plus insignifiant, afin de prouver à quel point notre vie est riche.

Je montre ainsi tout ce qui peut me mettre en valeur. J'ai fait du surf ce week-end. Je suis allé au cinéma. J'ai repeint ma cuisine. J'ai fait un brunch avec ma copine Camille. Mon fils m'a fait un dessin sur lequel il a écrit : « Je t'aime maman ». Et les commentaires de souligner par des « Waouh ! », « Trop boooo » et autres « Trop de la chance !!! ☺ » les petites merveilles de mon existence. C'est rassurant.

Je peux aussi montrer les coups durs, bien entendu. On a rayé ma voiture. Mon chien a disparu. Je me suis cassé le poignet. J'ai raté ma charlotte aux poires. Là se met en branle une chaîne d'amitié et de solidarité : « Courage 😓 », « 😣😔 », « Zut ». C'est rassurant également, et tout aussi valorisant peut-être : on fait attention à moi, on m'encourage, on me soutient, on m'aime. Cette posture est tout aussi narcissique que la précédente (on adore les victimes !).

En construisant l'image (au sens plus abstrait, cette fois, de représentation de l'esprit) qu'on souhaite que l'on ait de soi, on doute parfois (ou souvent ?) ; on rectifie le tir en permanence. Je me sens plus belle sur cette photo-ci ? J'ai l'air plus sportif et plus sûr de moi sur cette photo-là ? Qu'à cela ne tienne, je change ma photo de profil ! Les likes vont arriver. Je les attends. Je les espère. Les likes affluent. Je suis confirmé dans la représentation que je veux donner de moi-même. Si la photo de profil précédente avait recueilli plus de likes, je la remets. Car, chose importante (primordiale) : il faut que l'on voie que j'ai beaucoup de likes. Cela participe pleinement à une image valorisante de soi : je suis entouré(e), plébiscité(e).

En outre, en changeant ma photo de profil, en postant une publication, je réapparais par la même occasion dans la vie des gens. Petite piqûre de rappel : je suis là, j'existe. Et surtout, ce qu'on aime à montrer : je suis épanoui(e) ! Voyez comme je fais de beaux voyages, comme je peux aller au restaurant, comme je fais la fête avec des amis qui m'aiment. La vie est formidable ! Mon capital de likes m'aide à y croire. Petite bouffée d'oxygène qui fait du bien, car j'ai alors l'impression d'être privilégié(e). Je suis en train de partager une bonne pizza avec des amis : photo de la pizza, photo des amis devant la pizza, j'ajoute le lieu (la pizzeria), qui a son propre profil sur les réseaux sociaux, cela va de soi, le tout géolocalisé bien comme il faut. Mes amis font de même de leur côté. La pizza devient l'événement du moment dans le petit cercle de mes amis et des amis d'amis, et des amis de mes amis du soir. Tout ce petit monde sait que je suis en train de manger une pizza et que je passe un bon moment, et en passant je fais de la publicité à Pizzatalia. Le rêve (mais en attendant, la pizza refroidit) !

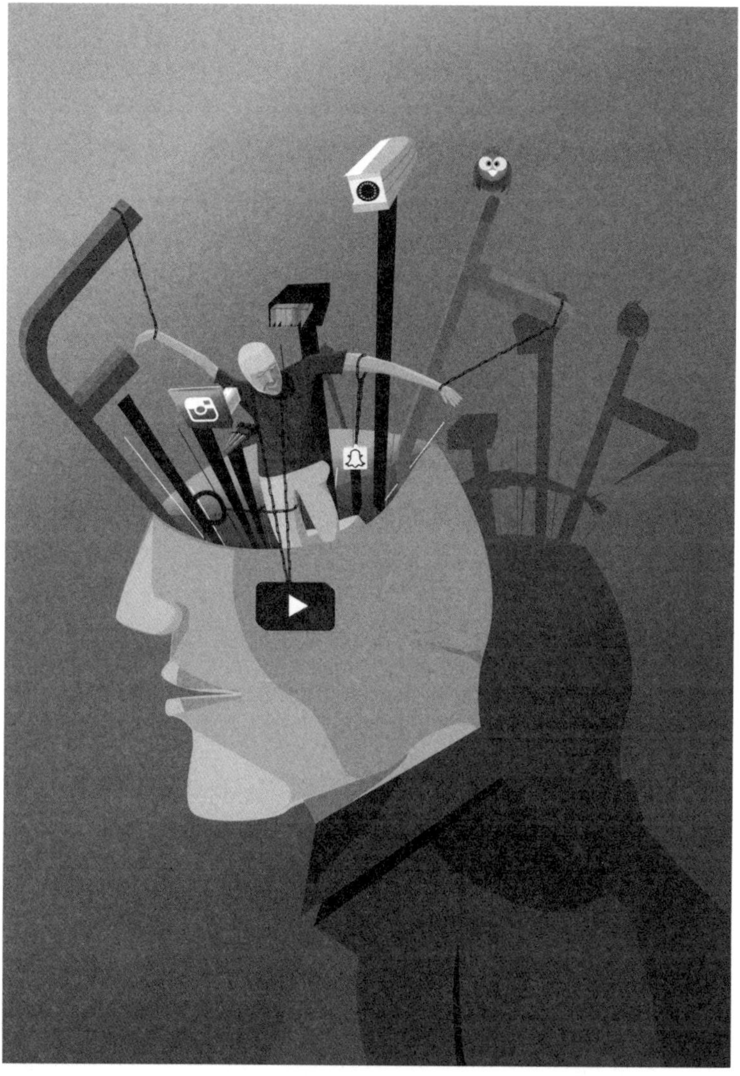

Mais bien entendu, tout cela n'est qu'une mascarade. Et chacun le sait. Mais il est plus confortable de montrer des signes extérieurs de richesse d'existence que de se confronter à l'inanité des moments creux et fades, qui paraissent d'autant plus creux et fades face au déferlement d'images positives sur les réseaux. J'alimente donc mon ego en alimentant les réseaux, je caresse mon orgueil, je répare mon narcissisme, et en même temps, paradoxalement, je me sens comme un imposteur. Ce qui est intéressant, c'est qu'on s'estime davantage imposteur soi-même que ne peuvent l'être les autres. Les autres paraissent toujours vivre vraiment des choses formidables, et moi je sais bien qu'au fond ce que je vis n'est pas si formidable que cela. Je sais bien que je triche, que ce qui me valorise face à l'autre me dévalorise en même temps à mes propres yeux. Je suis comme une marionnette ; ce qui devrait renforcer l'estime de moi alimente la mésestime de moi et l'impression d'isolement. Cercle vicieux...

La tyrannie de la transparence et de l'idéal : le cas Facebook

Michaël Stora, psychologue et psychanalyste, spécialiste des addictions liées au monde numérique, cofondateur de l'OMNSH (Observatoire des mondes numériques en sciences humaines), a étudié le cas particulier de Facebook, le réseau social le plus populaire au monde. Selon lui, la singularité de Facebook est de diffuser l'idée du bonheur à tout prix, du *so amazing* (tellement incroyable), tout en se voulant le lieu de la transparence absolue. À l'instar de la téléréalité, Facebook est devenu de l'Internet-réalité. On fait comme si tout était sincère et juste, alors même qu'on ne fait que fabriquer une image idéale (et idéalisée) de soi, et pour autant chacun a conscience de cette mise en scène. Étonnant, non ? Facebook exacerbe l'aspect « transparence » en refusant les faux profils, les avatars (il faut choisir son vrai prénom et non un pseudonyme – encore que…), et favorise par là même, et paradoxalement, le culte de l'image, d'un « faux soi », c'est-à-dire d'une identité fictive, fantasmée. Cet étalement obligatoire de bonheur a d'ailleurs détourné les plus jeunes de Facebook, qui préfèrent Snapchat, un lieu où l'on peut davantage exprimer ses états d'âme.

Un des dangers est celui de la comparaison sociale : je compare ma vie à celle de mes « amis », telle qu'ils la (re)présentent eux-mêmes. Quoi de plus déprimant que d'avoir l'impression que tout le monde fait la fête entre amis lorsque l'on est seul chez soi, à compulser frénétiquement Facebook en attendant que ça passe (et en attendant de recevoir un message ou un like) ? D'être célibataire et de voir les photos de mariage de Julien et Audrey ou les photos de la *so romantic* table de restaurant pour la Saint-Valentin postée par nos merveilleux meilleurs amis ? Ce lieu du culte de l'idéal accentue l'impression de vivre une existence qui n'est pas à la hauteur et exacerbe le sentiment de solitude.

Par conséquent, cette comparaison fait naître la frustration, la jalousie et la compétition. Si nos likes mesurent notre « audimat intime », c'est une profonde blessure narcissique de voir que les publications des autres génèrent plus de likes que les nôtres. On peut donc se lancer dans un marathon infernal et retors pour tenter de gagner la course, car le système de Facebook (et des autres réseaux sociaux, bien sûr) se base sur la réciprocité : si je te like, tu me likeras, et vice versa. Et même, je suis *obligé* de liker si je veux être liké à mon tour. J'ai besoin de l'autre, mais je veux être meilleur que lui ; je like mais il m'insupporte. Tout un programme...

Pour Michaël Stora, nous cherchons à travers Facebook à vivre des « scènes primitives ». Dans la théorie freudienne, la scène primitive est le fantasme que se fait l'enfant de la sexualité de ses parents, fantasme grâce auquel il va construire son propre rapport à la sexualité. Facebook, en exhibant la vie des autres, nourrit une vie fantasmée qui servirait de guide à notre propre vie et, ce faisant, nous maintient à l'état infantile. En grandissant, l'enfant apprend l'intimité et la pudeur, afin de se protéger ; Facebook, au contraire, par cette transparence imposée, ne dissimule rien au regard de l'autre (c'est son intention, en tout cas).

L'enfant, d'ailleurs, éprouve du plaisir à ce qu'on le regarde. Cette exhibition est canalisée de fait par ses parents et par la sphère sociale (« Non, il ne faut pas que les autres te voient lorsque tu fais ceci ou cela »). On ne peut pas tout dire (cela peut se retourner contre nous ou blesser quelqu'un) et on ne peut pas tout montrer : c'est l'apprentissage de la maturité. Facebook, au contraire, entretient la régression infantile. Il est normal et parfaitement admis que les adolescents soient en quête de leur identité, du regard de l'autre, de l'approbation de leurs pairs pour grandir ; ils ont un besoin fondamental de valorisation et d'approbation pour se construire. Ce qui est inquiétant, c'est que ce sont les « adultes » qui utilisent Facebook principalement, comme s'ils étaient en recherche de cette assurance qu'ils continuent bien à séduire, malgré le temps qui passe.

Plus inquiétant encore, cette course aux likes se traduit par un conformisme à toute épreuve (*like* veut dire à la fois « j'aime » et « comme »). La surenchère de publications induit la multiplication de publications sans intérêt, tout à fait banales, qui se partagent et se reproduisent à l'identique (ou presque). Il faut ressembler à l'autre, relayer des informations que tout le monde connaît déjà, et surtout trouver des publications qui vont plaire à tous (sources de likes) et qui ont fait leurs preuves : les chats, les couchers de soleil, les bébés, ou de manière plus spécifique les politiciens véreux (quel scandale !), les pubs des années 1980, les petits gâteaux de mamie... Peu de créativité, donc, et beaucoup de vent pour rien.

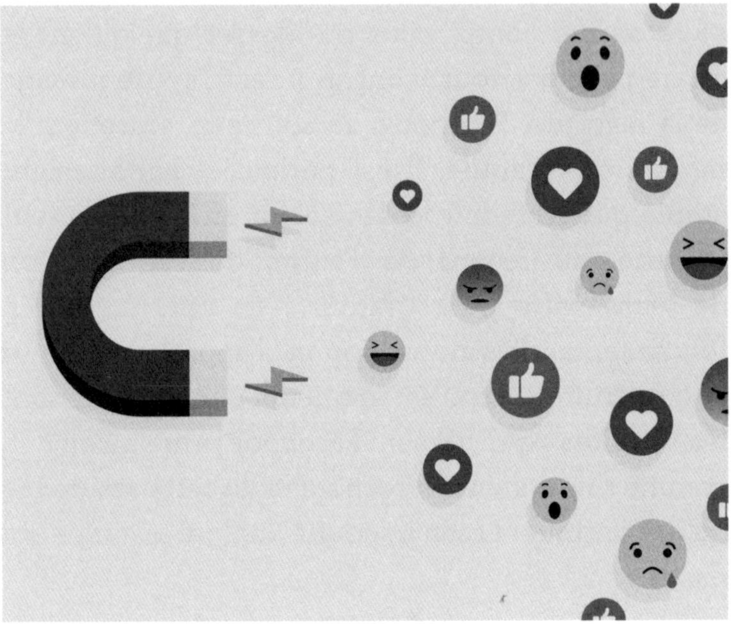

Selfie, mon beau selfie, dis-moi qui...

L'image, au cœur des réseaux sociaux, sature l'espace. Tout est prétexte aujourd'hui à photographier, filmer. Nous sommes face à un magnifique panorama ? On photographie et on partage. Nous sommes à un concert ? On filme. Des poubelles déposées de manière sauvage au coin de la rue ? On photographie, on partage et on s'indigne. Un repas au restaurant ? Photo, partage, extase. Les réseaux sociaux ont créé ce besoin de capturer les instants et de les mettre en boîte. Cela est problématique et peut signer la fin de l'imaginaire : au lieu de m'imprégner d'un endroit et d'un moment, m'en nourrissant, je rejette ce moment et cet endroit dans un espace de mon disque dur et de mes réseaux, stocké et emporté parmi des milliers d'autres fichiers, qui ne se frayera pas un chemin en moi. Au bord d'un lac de montagne, la lumière en cet instant, l'odeur de l'herbe fraîche et de la terre humide, les reflets sur l'eau, la sensation de la brise sur ma peau, les rires de mon enfant qui court après le chien, c'est tout cela qui alimente l'âme et nous fait grandir.

Aujourd'hui, on sur-photographie tout, comme si la chose ne pouvait exister que de cette manière, comme si c'était le seul crédit qu'on puisse accorder à la réalité ; comme si la réalité avait besoin du filtre de l'écran. Il est intéressant de repenser aux collections de photographies qu'on rangeait dans un album, qu'on ressortait du placard de temps en temps. Les albums de famille étaient un récit de vie, une collection de souvenirs dans lesquels se replonger par moments, à l'occasion notamment d'un repas de famille, dans un cercle privé et intime. Aujourd'hui, les photos sont prises pour être montrées à l'autre tout de suite, tels des trophées, sur la place publique : c'est sur ce point que le rapport à l'image-souvenir change fondamentalement.

Le summum, c'est bien évidemment le selfie : l'image du moment associé à sa propre image. On peut se prendre en photo soi-même, partout, tout le temps, et la partager sur les réseaux dans la foulée. Ce n'est plus pour conserver et pour raconter ; ce n'est plus pour faire connaître ses créations ou pour transgresser des codes artistiques, comme ce pouvait être le cas dans l'art de l'autoportrait ; c'est pour se montrer et se mettre en valeur. La culture du *self branding* (promotion de soi) tourne bien évidemment à la caricature et autorise toutes les audaces. En 2018, les médias annonçaient la mort d'au moins 259 personnes en six ans lors d'une prise de selfie, un chiffre en augmentation croissante d'année en année : les selfies sont plus meurtriers que les attaques de requin ! Des chercheurs préconisent même de déclarer des endroits à risque comme *no-selfie zones* (buildings, voies de transport, falaises, attractions touristiques importantes, etc.) ! En 2014, un couple de touristes, voulant prendre un selfie, est mort sous les yeux de leurs enfants en tombant d'une falaise au Portugal. En 2018, une femme de 23 ans est morte à Lyon en tombant d'une grue de 30 à 40 mètres de haut, sur laquelle elle avait grimpé pour prendre des selfies. Au-delà du manque de vigilance, la prise de risque inconsidérée (et complètement stupide, disons-le) peut avoir des conséquences tragiques… pour un simple selfie !

Dans notre société du spectacle, dans notre théâtre de représentation des egos, le selfie est devenu, avec la révolution numérique, un symptôme parfois inquiétant. On recherche le sensationnel, le buzz, l'extraordinaire. Le selfie permet d'immortaliser un moment d'exception qui s'apparente à une prouesse, aussi minime et dérisoire soit-elle : 15 km parcourus à vélo ou un trek jusqu'au sommet d'une haute montagne (et en posant en bikini sur le pic comme le faisait Gigi Wu, ça aide à se constituer un groupe de followers conséquent sur Instagram). Chacun peut ainsi espérer avoir son heure de gloire, même si c'est une gloire de pacotille. Il y a une aspiration à la célébrité, symbole de la réussite et quintessence du nombrilisme. Le selfie est ainsi souvent conçu comme une trace laissée à la postérité, alors qu'il est justement le propre de l'éphémère et du fugace, un instantané de l'instant.

Bien sûr qu'un selfie c'est très sympathique – qui n'en fait pas ? –, mais il cache quelque chose lorsqu'il se transforme en mode de vie ou de communication fondamental. À bien y réfléchir, un selfie, c'est la mise en avant de soi (de son corps) comme une marchandise sur un étal. Comme s'il fallait donner de sa personne pour obtenir le sésame, les likes tant convoités ; signe de l'approbation publique. On s'exhibe, on s'offre – ou plutôt on se vend. En poussant le trait (pas tant que ça), une jeune fille dénudée, aux mensurations « standard » et à la pose suggestive, avec les hashtags qui conviennent et qui carillonnent sur la toile, a plus de chances de susciter l'intérêt qu'une autre, plus austère, qui présente une analyse d'un extrait de la *Recherche* de Proust (dans les clips, c'est pareil). Sur les réseaux sociaux, on joue avec la superficialité, l'exhibition et l'outrance, on joue avec les codes communs qui séduisent... et c'est ça qui fait que ça marche. Voyeurisme...

♥ 3

QUAND L'IMAGE SE RETOURNE CONTRE SOI

Étaler son image sur les réseaux sociaux a des effets pervers ; c'est le revers de la médaille. Ce sont l'interaction et le partage, au cœur des réseaux sociaux, qui organisent parfois – ou mettent en place sans que nous nous en rendions véritablement compte, aussi – des jeux dangereux.

Le sentiment de toute-puissance : l'exemple de La Ligue du LOL

Caché derrière un avatar, un profil virtuel (qu'il soit masqué ou non, d'ailleurs), un utilisateur peut se sentir protégé. Au chaud derrière son écran, sans regard posé directement sur lui, il peut éprouver un sentiment de désinhibition. Il sent alors qu'il peut se permettre tout un tas de choses qu'il ne s'autoriserait pas dans la vraie vie, *pour de vrai*. En s'affranchissant (croit-il) des contraintes du réel, le danger est bien sûr celui de la perte de la notion de responsabilité. Les publications ou autres réponses sont ainsi jugées comme des actes sans conséquence, en dehors de la vie. Et, partant, se pose la question du respect de l'autre. Si tout est permis, alors tout est possible et je peux laisser libre cours à toutes mes pulsions, tous mes fantasmes, tous mes désirs. Quelle jouissance ! Qu'on ne se s'y trompe pas : cette tendance n'est pas (uniquement) celle d'un être sans conscience ou sans esprit critique, d'une personne psychologiquement ou intellectuellement défaillante. C'est d'ailleurs là tout le danger.

Pour exemple (et quel exemple !), dans l'actualité de ce début 2019, les médias révèlent le scandale de la Ligue du LOL. De quoi s'agit-il ? La Ligue du LOL, c'est le nom d'un groupe Facebook, particulièrement actif entre 2009 et 2012, dont font partie des journalistes parisiens (dont certains travaillent pour des médias de renom), ainsi que des professionnels de la communication et de la publicité ; ce groupe rassemblait à sa création une trentaine d'utilisateurs de Twitter. On leur reproche aujourd'hui d'avoir orchestré des campagnes de cyberharcèlement en groupe : canulars, blagues de mauvais goût, insultes, photomontages (à dimension pornographique parfois), usurpation d'identité... Après la révélation de l'affaire par le quotidien *Libération*, de nombreux utilisateurs de Twitter ont apporté leurs témoignages. Et c'est édifiant ! Sous couvert d'anonymat, ou sous leur propre identité, les membres de la Ligue du LOL ont fait preuve de sexisme, de racisme et d'homophobie notamment, le comble pour des journalistes qui signalent quotidiennement ce type de faits dans leurs médias.

Comment ont-ils pu en arriver là ? Signalons tout d'abord que suite à la révélation de cette affaire, de nombreux membres du groupe ont présenté leurs excuses. Le fondateur de la Ligue du LOL [Vincent Glad] affirme avoir « créé un monstre qui [lui] a totalement échappé », tandis que d'autres soulignent le fait qu'ils ne se rendaient pas compte de ce qu'ils faisaient. Que c'était un jeu. Qu'ils se sont pris au jeu (et au je, aussi). Un peu comme des enfants ? Soulignons ensuite l'aspect stratégique de ce « jeu ». Un des journalistes [David Doucet] explique qu'« à l'époque, [il] venait de banlieue, et qu'[il] n'avait aucun contact sur Paris » ; ce journaliste a créé des *fakes* de célébrités sur Twitter, et cela lui « a permis de briller aux yeux de gens qu'[il] érigeait comme des modèles journalistiques ». Il fournit cette explication : « J'étais lâche et trop heureux de compter parmi cette bande que la twittosphère d'alors admirait, pour intervenir. » Mais il n'a pas seulement été un témoin passif des actions du groupe, il a pleinement et activement participé à ces actes qu'il considère aujourd'hui comme une « dégueulasserie », un autre membre du groupe [Alexandre Hervaud] avouant dans le même temps que « c'était vraiment pas malin ». Certes...

Guidés par leur besoin de faire corps (principe de la notion de communauté), par leur désir de réussir dans leur milieu (principe de l'acceptation et de la reconnaissance sociales par leurs pairs), par leur envie de briller (principe de la valorisation et de l'affirmation narcissique), ils ont ignoré le principe de responsabilité et celui du respect de l'autre, ignorance renforcée par le phénomène des moutons de Panurge. Si d'autres le font, je suis invisible, et en même temps j'ai de la valeur puisque j'ose le faire et que je suis reconnu par les autres du fait de cette audace.

La vulnérabilité narcissique de l'utilisateur et l'effet de groupe

Toute cette mascarade n'est possible que parce qu'elle s'appuie sur la fragilité narcissique de l'utilisateur, et ce, à double titre. Si l'on reprend l'exemple de La Ligue du LOL, cette fragilité est tout autant celle du bourreau que celle de la victime, celle de celui qui harcèle que celle de celui qui est harcelé. En effet, entre le besoin de se valoriser et le besoin de se rassurer (et d'être rassuré), on peut être soit l'attaquant, soit l'attaqué, tour à tour. Car chacun, et c'est peut-être cela le plus monstrueux, peut être capable du meilleur comme du pire. Dans tous les cas, c'est bien notre narcissisme qui est en jeu.

Du côté de la victime, les conséquences peuvent être dangereuses. Parce qu'elle a besoin d'être reconnue dans ce qu'elle est, elle est d'autant plus vulnérable face aux manipulateurs. Arnaqueurs, prédateurs sexuels, pédophiles (dans le cas des très jeunes utilisateurs), plaisantins de mauvais goût et autres testeurs de leur toute-puissance jouent avec les failles de leur victime, bouc émissaire ou autre adversaire. Les réseaux sociaux fonctionnent sur le mode de la séduction et de l'attaque. C'est un jeu de pouvoir qui s'établit, un rapport de force et de domination. Il s'agit de faire craquer l'autre : soit en jouant sur l'intimidation, soit en jouant sur la persuasion – peut-être en jouant sur les deux à la fois, à bien y réfléchir.

On peut comparer ce phénomène avec l'affaire Weinstein. Le désormais plus que célèbre producteur de cinéma, qui avait vu nombre de ses films récompensés, s'est vu accuser de harcèlement et d'agression sexuels par un grand nombre de femmes. Jouant de son image et de son statut, Harvey Weinstein n'hésitait pas à pratiquer un odieux chantage ; ses victimes, actrices pour la plupart, devaient se plier à ses exigences si elles voulaient obtenir un rôle – dans le cas contraire, il les évinçait des plateaux de cinéma ou cherchait à acheter leur silence en échange d'une somme d'argent. Du côté du harceleur comme du côté de la victime, c'était bien la question du narcissisme qui était en jeu. Sentiment de toute-puissance d'une part, besoin d'évoluer dans sa carrière d'autre part : ce sont ces failles-là qui étaient à l'œuvre dans cette triste comédie. De là est né le mouvement #Metoo sur les réseaux sociaux, dont nous avons déjà parlé, qui constitue le contrepoint de l'intimidation que des utilisateurs peuvent exercer sur d'autres. En effet, la victime érige son statut de victime et le porte en étendard, ce qui lui permet de renverser son bourreau.

Mais cela n'est possible que par l'aspect viral que permettent les réseaux sociaux ; il est intéressant de constater que les gens « qui savent » ne disent qu'ils savaient qu'une fois le scandale relayé (et ils ont toujours honte de n'avoir rien dit) – on ne le dit pas tant que les autres ne le disent pas – même s'il faut bien un initiateur, bien sûr. À l'inverse, parce qu'ils étaient en meute, les membres de la Ligue du LOL pouvaient s'unir et s'imposer comme bourreaux. Dans tous les cas, la force est du côté du groupe ; de fait, chaque utilisateur est vulnérable en tant qu'individu isolé, mais il acquiert une certaine forme de puissance en s'alliant à d'autres ou en provoquant l'isolement de sa victime. L'équilibre est donc difficile à trouver ; c'est pourquoi il semble essentiel de mettre au jour les enjeux qui existent dans notre rapport aux réseaux sociaux – et aux autres.

Quand notre image joue contre nous...

L'exposition publique, quelle qu'elle soit, a ses limites. Dès lors que l'on s'expose au regard de l'autre, le risque est grand de ne pas être compris, de ne pas être entendu, d'être critiqué, d'être moqué et, par la suite, d'être diffamé. Les réseaux sociaux amplifient ce phénomène ordinaire. Tout simplement parce qu'ils permettent de propager les informations, de les relayer de manière quasi infinie. Les personnes qui en sont victimes, qu'elles aient mérité ou non de l'être (Weinstein est victime du mouvement #Metoo, mais sans doute l'a-t-il mérité, la suite nous le dira), subissent une humiliation sans égale. L'outrage est public, voire mondial, selon la personne qui est accusée. La personne est bafouée, outragée aux yeux de tous ; elle est rendue indigne, ce qui entraîne son exclusion totale de la sphère sociale.

Cela est d'autant plus terrifiant lorsqu'il s'agit, par exemple, d'une jeune adolescente qui est devenue le bouc émissaire de certains camarades de son collège. Le harcèlement peut se démultiplier à l'envi à cause de Facebook, Instagram ou Twitter. Ainsi lisons-nous régulièrement dans les faits divers que telle jeune femme s'est suicidée, lasse de se faire harceler et insulter par ses camarades ou les gens de son quartier via les réseaux. Les images circulant aisément, ce sont elles qui sont le support des injures et affronts publics. Les cas les plus répertoriés concernent en effet le *slut-shaming* (« intimidation/humiliation des salopes »), c'est-à-dire les attitudes agressives et malveillantes envers des femmes au regard de leur comportement sexuel. Cette expression est trompeuse, car elle s'applique à toute femme dont les images qui évoquent une dimension sexuelle de son corps circulent sur la Toile : une femme qui a une vie sexuelle normale avec son compagnon, une femme qui met en scène ses ébats sexuels, une femme violée, indistinctement. Le slut-shaming sur les réseaux, c'est une campagne de dénigrement et de stigmatisation d'une femme dont a vu un ou des clichés, généralement diffusés malgré elle. Ce harcèlement (qualifié de sexuel par les féministes) cause des dégâts incommensurables dans la vie de ces femmes, mises au ban de la société. Twitter ou Facebook, pour ne citer qu'eux, assurent mettre des moyens en place pour lutter contre le harcèlement et les propos haineux. Mais ce n'est pas encore gagné !

La justice elle-même veille au grain. Dans un tout autre registre, il est question de mettre en place une surveillance gouvernementale des réseaux sociaux afin de prévenir la fraude fiscale. C'est ce qu'a annoncé le ministre de l'Action et des Comptes publics fin 2018. Autrement dit, tout ce qui a été publié pourra être retenu contre vous ! Il est donc essentiel d'avoir conscience que l'image que l'on fabrique et que l'on donne à voir peut se retourner contre nous ou être utilisée par d'autres à des fins policières, à des fins commerciales, voire à des fins malveillantes. Prudence, donc !

Cette conscience-là a du bon : elle peut être un garde-fou efficace contre les dérives que représentent certaines déclarations ou certaines prises de position… qui resteront gravées sur la Toile. Prenons pour exemple deux affaires qui sont sorties dans la presse en février 2019.

① Kevin Hart avait annoncé le 4 février qu'il avait été choisi pour être le maître de cérémonie de la 91e édition des Oscars (qui a eu lieu le 24 février 2019). Deux jours plus tard, la polémique avait pris une telle ampleur que le comédien et humoriste a dû renoncer à cette prestigieuse mission. Que s'est-il passé ? Des tweets et blagues de Kevin Hurst, à caractère homophobe, datant de 2009-2011, ont été exhumés et ont suscité l'indignation générale. Il disait à l'époque qu'il ne supporterait pas l'idée que son fils soit homosexuel ; et on pouvait lire sur un des tweets : « Si mon fils rentre à la maison et se met à jouer avec la maison de poupées de mes filles, je la lui casse sur la tête et lui dis "arrête ça, c'est gay" ! ». Sommé par l'académie des Oscars de s'excuser publiquement, Kevin Hurst a d'abord refusé, affirmant s'être déjà expliqué à plusieurs reprises dans diverses interviews. Il a finalement présenté ses excuses à la communauté LGBTQ, tout en clamant haut et fort le droit au changement, assurant qu'il n'était plus le même aujourd'hui, presque dix ans plus tard, et qu'il ne se permettrait plus aujourd'hui de tenir de tels propos. Mais face à la polémique, le comédien s'est vu contraint d'abandonner la partie, de supprimer la plupart de ses anciens tweets et de renoncer à cette « opportunité unique » de présenter la cérémonie des Oscars. Next.

② Emmanuelle Gave souhaitait figurer sur la liste du parti souverainiste Debout la France de Nicolas Dupont-Aignan aux élections européennes de mai 2019. La candidature de l'ancienne avocate, qui était attendue en position éligible, a finalement été rejetée après que l'émission *Quotidien* (TMC) a révélé la présence de nombreux messages à connotation raciste publiés sur les réseaux sociaux par la candidate en question. Sur Twitter, elle avait par exemple affirmé qu'elle trouvait « qu'il y a beaucoup trop de Noirs dans les courses de 100 m » et s'était demandé si la liberté d'expression devait « pouvoir s'étendre à la réfutation de la Shoah » ; elle avait jugé sur Facebook que « les musulmanes sont quasiment inemployables en tant qu'employées de maison ou nanny ». « Prise de panique dans la nuit de lundi à mardi », selon ses propres mots, elle a fait supprimer par une société spécialisée quelque 10 000 messages de son compte Twitter. Ce fut peine perdue. Après cette grande lessive, et après avoir fait son mea culpa en disant qu'elle avait « eu tort sur ce coup-là », Emmanuelle Gave est passée à côté de son ambition politique : *Twitter m'a tuer.*

3

LES RÉSEAUX SOCIAUX : ATTENTION À LA SUPERCHERIE !

LES RÉSEAUX SOCIAUX : OPÉRATION MARKETING

Bien entendu, les réseaux sociaux ont des bienfaits, tels que les utilisateurs l'éprouvent (d'où le succès, en partie, des réseaux sociaux). Cependant, ils ont également des effets pervers, tels que nous l'avons vu. Mais comment marchent les réseaux sociaux, au fond ? À qui profitent-ils, finalement ? Derrière les apparences, des lobbies ou des personnes peu scrupuleuses utilisent les réseaux sociaux à leurs propres fins. Dans quel but ? Décryptages et conseils.

L'utilisation des algorithmes : l'exemple de Facebook

Nous avons tous déjà entendu parler de l'algorithme de Facebook. Mais de quoi s'agit-il exactement ? L'algorithme est l'ensemble des calculs que la plateforme utilise pour choisir quels contenus nous montrer dans notre fil d'actualités – car, oui, c'est Facebook qui décide si telle publication doit ou non apparaître. Ce n'est pas que nous publions quelque chose que nos amis vont voir cette publication, et *vice versa*. Il y a trop de contenus disponibles sur les réseaux et, surtout, le but de Facebook est de nous maintenir le plus longtemps possible sur la plateforme. Pour cela, il faut nous montrer des contenus qui vont nous plaire (n'oublions pas que nous sommes dans la séduction en permanence) – plus nous voyons des publications qui nous plaisent, plus nous restons sur la plateforme. L'algorithme va donc évaluer et sélectionner les publications qui sont les plus susceptibles de nous intéresser (inutile de réfléchir et d'user de notre aptitude à juger, Facebook le fait pour nous !).

Comment marche cet algorithme ? Il fonctionne en trois étapes.

① Il fait un *inventaire* ; c'est-à-dire qu'il fait le point, entre autres, sur toutes les publications des amis, des groupes et des pages suivies disponibles à l'instant de la connexion.

② Il analyse les *signaux*, c'est-à-dire les données qui permettent de prédire les publications qui vont se révéler être les plus intéressantes. Des milliers de signaux sont pris en compte comme la date et l'heure de publication, le créateur (celui qui a publié un contenu : ami, page, etc.), la vitesse de connexion et le support utilisé lors de la connexion (tablette, smartphone, etc., et de quelle marque), les retours utilisateurs sur les publications (comme un signalement par exemple), le type de contenus (vidéo, lien, image, lien, etc.), etc.

③ Il fait une *prédiction* sur les contenus que l'utilisateur est le plus susceptible d'aimer. Il mesure ainsi les chances que l'utilisateur a de liker, commenter ou partager les publications. Chaque publication disponible est notée. Facebook opère un classement en fonction des notes attribuées, et les publications apparaissent dans le fil d'actualités dans un certain ordre : de la mieux notée à la moins bien notée. Les publications qui apparaissent en premier dans le fil d'actualités sont donc celles qui sont *a priori* les plus intéressantes pour l'utilisateur (il faut capter l'attention dès le départ et donc être pertinent d'emblée – sachant d'ailleurs que l'attention se réduit avec le temps).

Comment cet algorithme choisit-il ce qui peut intéresser ou non l'utilisateur ? Hormis les signaux déjà cités, le système repose principalement sur la performance des publications proposées et, de manière corrélée, sur l'engagement de l'utilisateur envers le créateur. Autrement dit, plus on interagit (avec une page, par exemple), plus Facebook aura tendance à nous montrer des publications de cette page ; donc plus les autres utilisateurs interagissent avec nos contenus, plus nos publications apparaîtront dans leur fil d'actualités. Facebook prend ici en compte le nombre de personnes qui interagissent avec le contenu et le type d'interaction (un partage a plus de poids qu'un commentaire, qui a lui-même plus de poids qu'un simple like). Lorsqu'une publication est postée, Facebook passe par une période de test, en n'affichant le contenu en question que sur le fil d'actualités de quelques personnes. S'il y a un engagement dès le départ (des interactions), l'algorithme va diffuser la publication à un plus grand nombre de personnes. Plus on obtient de commentaires, plus la publication est boostée. Si l'engagement est peu important, les publications futures seront limitées. C'est donc un cercle vicieux (d'aucuns diraient vertueux, mais tout dépend de quel point de vue on se place).

La récupération et l'analyse des données

Les réseaux sociaux, comme Facebook, Instagram, Snapchat, ou encore Messenger et WhatsApp collectent nos données personnelles, les stockent, voire vendent nos informations (même s'ils s'en défendent, bien sûr)... Identité, date de naissance, adresse postale, adresse mail, numéro de téléphone... toutes nos données personnelles sont précieuses pour les services marketing, de communication ou de publicité. Ainsi, tous les grands services marketing collectent aujourd'hui les données des réseaux sociaux (données personnelles, contenus avec recherches par mots-clés ou hashtags, etc.). Par des interfaces de programmation (API), il est possible d'exploiter les données de Twitter, Facebook ou Instagram et de les analyser ensuite. Le monstre marketing peut alors entrer dans l'arène : il est au diapason des utilisateurs-consommateurs, il sait qui ils sont, ce qu'ils aiment, ce qu'ils cherchent – place aux stratégies commerciales, idéologiques, politiques !

Le grand scandale de Facebook (et de la Maison Blanche) concernant l'utilisation des données, c'est celui de la société Cambridge Analytica, utilisée par Donald Trump lors de sa campagne présidentielle de 2016 aux États-Unis. L'entreprise britannique, spécialisée dans l'analyse des données, dans le conseil en communication et dans la vente d'outils d'influence, avait recueilli, analysé, utilisé et détourné les données de 87 millions d'utilisateurs Facebook (à leur insu, bien entendu). Comment cela s'est-il passé ? Pour récupérer les données, une application sur Facebook a été créée par GSR, sous-traitant de Cambridge Analytica. Il s'agissait d'un quiz, auquel se sont connectés et auquel ont répondu plus de 250 000 personnes en échange de quelques dollars. Ce faisant, les données des amis Facebook de ceux qui se sont connectés ont été aspirées, récupérées par l'application. GSR a ensuite vendu ces données à Google Analytica : les « J'aime » des utilisateurs, les identités Facebook, les réseaux d'amis et de contacts Facebook. Grâce à toutes ces informations, Google Analytica a pu mener une campagne d'envergure pour le compte de Donald Trump *via* Facebook : messages électoraux, publicités, et tout ce qui pouvait conduire à influencer le vote des électeurs en faveur de Trump.

Objectif : addiction

L'utilisation des algorithmes et la récupération des données permettent de manipuler les esprits à des fins politiques, idéologiques et mercantiles. Ne voir qu'une partie des publications, voir des publications choisies spécialement en fonction du profil de l'utilisateur, recevoir des messages publicitaires ou bien sentis en fonction de ce que l'analyse des données de l'utilisateur laisse présager de son comportement, de sa psychologie et de ses habitudes… tout cela annihile une partie du discernement. La réalité est tronquée, manipulée, détournée. Le but : pousser à la consommation, au sens large du terme. Cela passe par le formatage des esprits.

Pour ce faire, l'utilisateur doit devenir addict aux réseaux sociaux. Et en effet, tout est mis en place pour faire naître et entretenir la dépendance (la cyberdépendance). Les sollicitations sont maximales : notifications, alertes, relances, etc. D'un point de vue visuel, sur Facebook, par exemple, alors même que la plateforme se décline en bleu et blanc, les notifications apparaissent en rouge – on ne peut pas les rater. Les publications sont sélectionnées pour nous plaire, susciter notre intérêt, et nous sommes obligés d'interagir en permanence si nous voulons voir nos publications affichées dans le fil d'actualités de nos amis ou followers. De plus, le système est ainsi fait, s'appuyant sur la psychologie cognitive et comportementale, que nos publications ne sont likées que si nous likons celles des autres, et inversement (c'est du donnant-donnant). En outre, des chercheurs ont mis au jour que l'usage excessif des réseaux sociaux implique des changements dans le circuit de la récompense, car les récompenses sont variables : l'utilisateur ne sait jamais combien de likes il va récolter ni sur quelles publications il va tomber, accentuant l'addiction.

Snapchat, réseau social le plus plébiscité par les adolescents, avec ses sujets fragiles et son terreau fertile pour les addictions en tout genre, va très loin dans l'organisation de l'assuétude des utilisateurs. Le mode Snapstreak (Ça chauffe !), notamment, fait l'objet de toutes les attentions des ados. Ce mode est signifié par le symbole 🔥, placé à côté du nom de l'ami Snapchat. Si moi et mon ami sommes en mode Snapstreak (Ça chauffe !), c'est que nous avons échangé des Snaps (contenus multimédias éphémères ou non ; et non des Chats, qui sont des messages qui disparaîtront automatiquement) toutes les 24 heures d'intervalle ou moins, pendant plus de 3 jours consécutifs. Le chiffre à côté du symbole 🔥 indique depuis combien de temps nous sommes en mode Snapstreak (Ça chauffe !) – par exemple, 10🔥 signifie que cela fait 10 jours de suite que nous échangeons des Snaps toutes les 24 heures maximum. Bien évidemment, cette course aux emojis – avec l'esprit de compétition et de performance qui va avec – crée une addiction de fait : il ne faut rien lâcher ! C'est un challenge. Une présidente d'association qui intervenait dans un collège pour alerter sur les dangers des réseaux sociaux nous confiait qu'elle avait rencontré des parents qui, parce qu'ils voulaient profiter pleinement des vacances en famille sans smartphone, avaient été obligés de rémunérer quelqu'un afin d'alimenter le Snapchat de leur ado et que la flamme (🔥) ne s'éteigne pas. Il fallait acheter la paix sociale…

Plusieurs études montrent que les réseaux sociaux affectent la santé mentale et le bien-être des jeunes. Snapchat et Instagram sont jugés comme étant ceux ayant les effets les plus négatifs – ce sont les réseaux préférés des ados et des jeunes adultes. Anxiété, dérèglement du sommeil, course à la récompense, dépression, diminution des capacités cognitives : les scientifiques alertent sur les effets négatifs de l'utilisation excessive des réseaux sur le cerveau…

♥2

LES DANGERS DES RÉSEAUX SOCIAUX POUR NOTRE CONSCIENCE : LA QUESTION DE LA DIGNITÉ

Tout excès a ses dangers, et les réseaux sociaux, par leur fonctionnement addictif, peuvent atteindre à l'intégrité morale et psychique ainsi qu'à la dignité humaine de l'utilisateur. Voici les points saillants des risques encourus.

L'uniformisation

Puisqu'il faut appartenir à la communauté, nous adhérons un peu trop facilement à un modèle dominant. Il y a peu de place pour la créativité sur Facebook, Snapchat ou Instagram, car c'est ce qui nous relie qui importe (le propre du *réseau + social*). Nous sommes d'ailleurs amenés à échanger avec des personnes qui ont les mêmes valeurs que nous, avec lesquelles nous avons les mêmes avis : nous sommes dans un entre-soi. Nous cherchons un miroir.

Sur YouTube, par exemple, les suggestions correspondent uniquement à quelque chose que nous avons déjà vu, déjà entendu, quelque chose lié à des mots-clés que nous avons tapés dans notre moteur de recherche. Rien de surprenant, donc, rien qui sorte du lot. D'où une sorte d'engourdissement de la pensée, une léthargie de la curiosité, entretenus par la paresse d'aller voir autre chose.

La bêtise

Le psychiatre Serge Tisseron explique que plus nous sommes confrontés en permanence sur Internet ou sur le téléphone à des phrases courtes, plates et purement informatives, et moins nous lisons de livres. « De fait, la plasticité cérébrale est moins sollicitée », déclare-t-il. Autre corrélation : des chercheurs ont soulevé que les plus gros utilisateurs des réseaux sociaux étaient également ceux qui avaient le moins envie de se livrer à la pensée réflexive. Il faut savoir entretenir la pensée profonde et la concentration ; ce que ne permettent pas les réseaux sociaux, enfoncés dans la superficialité et la permanence du similaire.

Un rapport au temps infernal

Les gens ultra-connectés le savent bien : la vie se mène à 100 à l'heure. Tout va vite, tout doit aller vite. On veut des réponses immédiates, de l'interaction dans la seconde. Il n'y a pas de place pour l'attente, le report. Il faut être réactif en permanence. Dans ces circonstances, ce *modus vivendi,* comment prendre le temps de déconnecter, de lâcher prise, de ne rien faire et *a fortiori* de lire un bon roman ou de s'adonner à une longue séance de méditation ? Avant et après Facebook, Twitter ou Instagram, il y a la vie, la vraie !

Jalousie et frustration

Instagram donne à voir des images qui font rêver : c'est beau, c'est idyllique. Les stars se pavanent sur la Toile, suivies par des centaines de milliers, voire des millions de followers. Facebook dévoile les fêtes entre amis, que l'on rit ! Les réseaux sociaux donnent une image édulcorée – voire complètement fausse – de la réalité. Un monde illusoire… et inaccessible pour la plupart d'entre nous (surtout s'il s'agit d'une villa luxueuse de 1 200 m² à Ibiza ou d'un yacht de milliardaire). Cette importance de l'apparence et du like a de quoi susciter jalousie et frustration, notamment chez les plus jeunes. Une image photoshopée, et le tour est joué ! Mais on a une tendance certaine à prendre les images pour argent comptant…

L'isolement

Tout le temps passé sur les réseaux sociaux, c'est du temps en moins pour la vraie vie. À force de vivre du lien désincarné, il devient parfois difficile de vivre un rapport incarné, avec des corps en présence, avec des personnes qui manifestent leur altérité.

L'addiction liée à l'usage excessif des réseaux sociaux isole l'utilisateur, tout entier au *scrolling* compulsif. De même, la frustration, l'anxiété, les réveils nocturnes pour vérifier sur son smartphone s'il n'y a pas eu des interactions ou des messages, la dépression parfois (par jalousie, par angoisse, par réaction à des critiques, etc.) coupent l'utilisateur du monde. Le déséquilibre est trop grand lorsque le virtuel étouffe le réel.

♥3

CONSEILS ET MISES EN GARDE

Voici les grandes lignes à respecter afin de se protéger des effets pervers des réseaux sociaux. Toutes les informations captées par les réseaux sociaux peuvent être saisies et réutilisées à l'infini. Soyez vigilant(e) !

Les fake news

Les fakes news sont le fléau des réseaux sociaux. Il est extrêmement simple et rapide de colporter malgré soi de fausses informations. Voici quelques conseils.

- Identifiez l'auteur du post : s'agit-il d'une personne que vous connaissez, d'une personnalité publique, d'un média réputé ? Il existe de faux profils qu'il faut apprendre à débusquer. Il existe des comptes certifiés (pour les personnes célèbres, les entreprises, les institutions, etc.), que l'on peut repérer grâce à un macaron « certifié » ou « officiel » à côté du nom de la page ou du profil. Ne vous fiez pas au nombre d'abonnés ! Tout cela ne certifie pas que l'information est vraie, mais au moins vous serez certain que c'est un vrai profil.

- Doutez toujours de l'information que vous lisez, car on ne sait jamais.

- Recoupez les sources et les informations afin de pouvoir avoir plus de certitude quant à la véracité de l'information. Par exemple, attendez que l'information soit relayée par plusieurs médias reconnus.

- Vérifiez les sources de l'information en tant que telles. Si vous ne pouvez pas avoir une idée des sources de l'affirmation (date, lieu, agence de presse, etc.), méfiez-vous.

- Prenez l'information pour ce qu'elle est, en fonction de l'auteur et de la source. Si c'est une publication du *Gorafi*, média parodique, il faut lire l'information au second degré. Si c'est une publication d'une personnalité politique, il faut lire l'information selon le prisme de son idéologie politique et vérifier les sources. Faites du décryptage d'information !

- Vérifiez toujours la date de l'information, de l'image, de la vidéo. Il arrive qu'une ancienne publication ressurgisse ou que d'anciennes photos soient réutilisées à des fins d'illustration d'argument (mais il s'agit d'un détournement). Par exemple, on a illustré dans les médias le fait qu'Emmanuel Macron était au ski pendant l'acte 18 des Gilets Jaunes le 16 mars 2019... avec des photos datant de 2017 !

- Ne prenez jamais une image ou une vidéo pour argent comptant ! On peut faire dire aux images ce qu'on veut, en ressortir du placard, les photoshoper, etc. Et une image n'est jamais nécessairement une preuve...

- Méfiez-vous des messages chocs et des images qui interpellent vos émotions. Même si c'est parfois difficile, il faut prendre un peu de recul. Rien de plus simple que de poster une photo de chat écrasé (glanée sur le Web), de dire « Regardez ce que Machin a fait pour se venger » et de susciter l'émoi et l'indignation collective.

- Ne vous fiez pas au fait qu'une information soit partagée : ce n'est pas pour autant qu'elle est juste. Ce n'est pas parce que c'est viral que c'est nécessairement vrai. La preuve : les fake news sont virales, par essence.
- Ne réagissez jamais et ne partagez jamais dans la précipitation. Les informations sont relayées beaucoup trop vite sur les réseaux sociaux ! Prenez le temps de la réflexion et du décryptage.

Du bon usage de votre profil

Votre profil sur les réseaux est votre vitrine. Prenez en soin ! Voici quelques conseils.

- Si votre profil est public, n'importe qui peut le consulter, par exemple l'employeur à qui vous avez adressé votre candidature (cela arrive très souvent) : évitez donc tout ce qui peut nuire à votre image, comme les images de beuverie, les commentaires stupides, salaces, sexistes ou bourrés de fautes d'orthographe ! Votre profil est votre portfolio, et pas seulement sur LinkedIn...
- Créez des filtres et des cercles, afin de hiérarchiser vos publications. Inutile de parler des siestes et des problèmes de lange de votre bébé publiquement : ça ne concerne que vous, mamie et vos meilleures copines (et encore) ! Inutile de poster l'image de vous complètement ivre après votre soirée de boîte de nuit à d'autres personnes qu'à vos copains...

- Filtrez les publications que vos amis peuvent faire en vous nommant. Ce serait dommage d'avoir soigné votre profil et de voir présentée à la face du monde une photo de vous en tenue d'Adam parce que vous avez perdu un pari et que vous avez été obligé de montrer vos fesses. Vos amis seront peut-être hilares, mais pas votre patron ni votre maman.
- En clair, gardez le contrôle sur tout ce que vous pouvez publier et sur tout ce que vos amis peuvent publier sur vous. Faites les réglages nécessaires dans vos paramètres. Parlez de tout cela avec votre ado, également.

L'utilisation de vos données

Vos données peuvent être réutilisées ou cédées à des tiers à des fins commerciales, prospectives, marketing ou frauduleuses. Voici quelques conseils.

- Donnez le moins possible d'informations sur vous : adresse postale, adresse mail, numéro de téléphone, date de naissance, etc. Moins vous en dites, mieux c'est !
- Ne donnez pas vos mots de passe ; n'utilisez jamais le même mot de passe pour vos différents comptes.
- Ne publiez pas d'informations trop personnelles qui permettent d'avoir une « cartographie » de votre famille, de vos conditions de vie, etc.

L'usurpation d'identité

Attention aux faux profils à des fins de récupération de données, de promotion, de manipulation, de prédation sexuelle, etc. Les infos d'un utilisateur peuvent être « volées » et servir d'avatar à une personne malveillante, impliquant la responsabilité morale et pénale de l'utilisateur premier. Voici quelques conseils.

- Ne répondez pas à un profil dont vous doutez de l'authenticité.
- Ne répondez pas à une demande d'ami alors que vous avez déjà cet ami dans vos contacts.
- N'acceptez pas en ami quelqu'un que vous ne connaissez pas, notamment si vous voyez que, pour l'instant, ce profil est tout neuf et qu'il n'a que peu d'amis.
- Ne répondez pas aux demandes d'un profil non renseigné.
- Signalez à la modération les contenus ou les profils qui vous semblent douteux.

L'intrusion dans la vie privée

L'utilisation des données à des fins malveillantes peut avoir des conséquences sur la vie réelle et concrète : flicage, cambriolages, harcèlement. Voici quelques conseils.

- Ne parlez pas de vos vacances alors que vous êtes en vacances ! Cela serait l'occasion rêvée pour une personne malintentionnée d'aller faire un petit tour chez vous l'esprit tranquille, sachant que vous n'y êtes pas.

- Ne postez pas de photos de vos biens matériels : pas de photos de sa maison, de photos de son home cinéma dernier cri, de sa superbe guitare de collection, de sa voiture de rêve, etc. Moins vous donnez d'informations sur ce que vous possédez, moins vous susciterez la convoitise.

- Ne postez pas de photos de l'endroit où vivent vos amis ou de ce qu'ils possèdent, non plus !

- Désactivez la géolocalisation de votre smartphone, afin de ne pas communiquer, malgré vous ou non, l'endroit où vous êtes (et par là même, l'endroit où vous n'êtes pas).

- Ne faites surtout pas l'erreur de poster une photo de votre billet d'avion fraîchement acheté pour Bali (comme on peut le voir régulièrement de la part de certains amis trop naïfs)... rien de plus simple que de noter vos numéros de réservation pour vous subtiliser votre billet et prendre votre vol à votre place !

- Dans tous les cas, publiez le moins possible d'images de vous ou de votre train de vie. Cela peut faire des jaloux !

- Moins vous en direz, moins on pourra vous critiquer ou détourner ce que vous dites. Dites-en donc le moins possible !

- Si vous êtes victime de harcèlement, de propos calomnieux ou diffamatoires, signalez les contenus malveillants à la modération.

- N'hésitez pas à vous adresser aux services de police si les choses vont trop loin. N'attendez pas ! Le cyberharcèlement est un délit reconnu.

- En cas de problème, ne vous isolez surtout pas, parlez-en autour de vous.

- Évoquez avec votre ado les limites des réseaux sociaux, et encouragez-le à ne jamais s'isoler ni à se laisser impressionner par les tentatives d'intimidation sur Internet.

L'utilisation des images

Les images sont toutes conservées, notamment sur Facebook (rien n'est véritablement effacé, malgré les apparences). Les images peuvent être détournées : photomontages, images pédopornographiques, etc. Voici nos conseils.

- Publiez le moins possible d'images de vous.

- Évitez toutes les images trop intimes de vous ou de vos amis, les images où les protagonistes sont trop dénudés, les images trop équivoques.

- Ne publiez pas de photos de vos enfants ou des enfants de vos amis (a minima, demandez-leur la permission).

- Expliquez à votre ado les dangers de l'image sur les réseaux sociaux.

Les opérations marketing

N'oubliez pas que les réseaux sociaux sont des outils privilégiés pour les entreprises... qui veulent vendre leurs produits ! Voici nos conseils.

- Ne prenez pas pour argent comptant les conseils des influenceurs, ils roulent la plupart du temps pour des entreprises, par lesquelles ils sont rémunérés. Eh oui ! Par exemple, en 2016, Scott Disick, star américaine de téléréalité, a publié sur Instagram un message pour louer les vertus d'un complément alimentaire pour sportifs. Mais il avait oublié de supprimer la partie qui lui était destinée à lui : « À 16 h, écris ce message » ! (Pas très malin, c'est vrai !) Car, en effet, c'est bien la marque du complément alimentaire en question qui avait missionné Scott Disick (moyennant finances, à n'en pas douter) pour valoriser ses produits. Conséquence : du buzz, une catastrophe pour la marque et pour l'influenceur. Pauvre Scott ! Démasqué ! Vous pensiez que les réseaux sociaux servaient avant tout l'intérêt des utilisateurs, ou vous saviez que l'opportunisme est le maître-mot ?

- Ne prenez pas pour argent comptant le nombre d'interactions pour une publication, une page, un profil, etc. C'est de notoriété publique à présent : on achète des fans, des abonnés, des likes, etc. En fait, tous les moyens sont bons pour booster les publications et les profils, si tant est qu'on ait un peu d'argent. Alors, ne vous y fiez pas – et décomplexez face à votre nombre d'abonnés.

- Ne vous fiez pas aveuglément aux avis et commentaires : de la même façon, on les achète.

- Bref, ne prenez rien pour argent comptant, prenez le temps de la réflexion et faites-vous confiance !

CONCLUSION : DU BON USAGE DES RÉSEAUX SOCIAUX POUR SA SANTÉ (PHYSIQUE ET PSYCHIQUE)

Avec les réseaux sociaux, on a coutume de dire que nous sommes confrontés au meilleur... comme au pire. Et c'est vrai ! C'est une chance inespérée de créer et de maintenir du lien mais, en même temps, une utilisation excessive ou non raisonnée peut conduire à des dérives dramatiques : hyperconnexion, cyberaddiction, infobésité, isolement, syndrome *no life*, dépression...

Jaron Lanier, essayiste américain et chercheur en informatique, en parlant de Twitter, dit que « le réseau est toxique et a de vraies conséquences sur la santé mentale de ses utilisateurs ». Pourquoi ? Si les réseaux sociaux se veulent un outil de démocratisation, ils deviennent de plus en plus un outil de division. Car c'est toute la comédie humaine qui s'y joue ; elle y a été transposée, de manière encore plus crue et plus vorace – par la visibilité, le partage, et l'exclusion aussi (de ceux qui ne font pas partie de la communauté). Dans l'enquête du *Monde* datant du 11 février 2019, on peut lire à propos de Twitter : « Épuisés par le flot d'insultes, de fausses informations et le bavardage inutile, ils sont chaque jour plus nombreux à vouloir quitter Twitter. Mais abandonner le réseau, c'est aussi céder la place aux "haters" et autres trolls. Un cas de conscience difficile à trancher. » Difficile ? Pour les personnes médiatiques ayant des comptes à rendre, peut-être. Pour les autres... on se demande, n'est-ce pas ?

Voici nos ultimes conseils pour être heureux tout en étant (un peu) sur les réseaux sociaux :

- Désactivez les notifications de votre smartphone. Les réseaux sociaux vous rappellent à l'ordre toute la journée (pour des publications qui ne vous concernent même pas, ou si peu, la plupart du temps) pour accaparer votre attention. Redevenez maître de votre temps, de vos intérêts, de vos envies !

- Coupez votre smartphone de temps en temps ! Octroyez-vous des moments « déconnectés », et profitez d'une belle soirée avec votre amoureux, d'un week-end entre copines, de jeux et de rires avec vos enfants. Si, si, ça fait du bien ! Même si ça peut paraître difficile au début...

- Relativisez l'importance des réseaux sociaux dans votre vie. Imaginez que vous perdez votre smartphone, ou que votre ordinateur ou votre tablette tombe en panne. Une fois l'angoisse passée et assumée, dites-vous : « Et alors ? Et puis quoi ? » Respirez, et vivez ! Ne perdez pas votre dignité...

- Demandez-vous comment font les gens qui n'ont pas accès aux réseaux sociaux, qui n'ont pas créé de profil sur Facebook, Instagram ou Twitter, ou qui ne l'utilisent pas. Sont-ils si hors-jeu que cela ? Sont-ils moins intéressants pour autant ? Ont-ils moins d'amis (pour de vrai) ?

- Demandez-vous si les réseaux sociaux vous rendent plus heureux. Mais vraiment, en toute franchise, en vérité avec vous-même. Pas en vous cachant derrière les excuses de : « C'est pour le travail », « C'est pour me tenir informé », « C'est pour décompresser ». Demandez-vous honnêtement si les réseaux sociaux participent à votre bonheur. Oui ? Relisez donc un peu cet ouvrage. Non ?

Alors, vous savez ce qui vous reste à faire ! La vie vous attend !

EXIT

EXIT

Dépôt légal : juin 2019.

Achevé d'imprimer en Union européenne
par Typo'Libris en novembre 2021.